TOUT S'ARRANGE AVEC DES MOTS

Marie Andersen

TOUT S'ARRANGE AVEC DES MOTS

Hugo Doc

Avertissement : les exemples qui illustrent cet ouvrage sont tous inspirés d'histoires vraies, mais ils ont été librement remaniés pour pouvoir les partager avec les lecteurs aussi utilement qu'anonymement.

DU MÊME AUTEUR :

La Manipulation ordinaire, Ixelles Éditions (2010), Marabout (2014)
L'Emprise familiale, Ixelles Éditions (2011), Marabout (2015)
L'Art de se gâcher la vie, Ixelles Éditions (2012), Marabout (2015)
Faire le choix du bonheur, Ixelles Éditions (2013), Marabout (2016)
Les 10 Facettes de la manipulation, Ixelles Éditions (2013)
Bon sexe, bon genre !, Ixelles Éditions (2015)

Ouvrage dirigé par Sophie Descours
Graphisme de couverture : Ariane Galateau

Département de Hugo & Cie
34-36, rue La Pérouse, 75116 Paris
www.hugoetcie.fr

ISBN : 9782755623925
Dépôt légal : mai 2016
Imprimé en Espagne par Blackprint

C'est la musique qui est difficile, voilà la vérité, c'est la musique qui est difficile à trouver, pour se dire ces choses, quand on est si proche l'un de l'autre, la musique et les gestes, pour dissoudre le chagrin, quand il n'y a vraiment plus rien à faire, la juste musique, pour que ce soit une danse, un peu, et non pas un arrachement, de partir, de se laisser glisser loin de l'autre, vers la vie et loin de la vie, étrange pendule de l'âme, salvateur et assassin, si on savait danser cette chose-là, elle ferait moins mal, et c'est pourquoi les amants, tous, cherchent cette musique, à ce moment-là, à l'intérieur des mots, sur la poussière des gestes ; et ils savent que, s'ils en avaient le courage, seul le silence pourrait être cette musique, musique exacte, un vaste silence amoureux, clairière de l'adieu, lac fatigué qui s'écoule enfin dans la paume d'une petite mélodie, connue depuis toujours, à chanter à mi-voix.

ALESSANDRO BARICCO[1]

pour Félix

1. BARRICO Alessandro, *Océan Mer*, p. 174, Albin Michel, 1998.

INTRODUCTION

Le langage nous relie autant qu'il nous sépare.

Émouvant lorsque nous parlons d'amour, il se fait apaisant pour l'enfant inquiet, et bienveillant pour les amis en difficulté. Nos mots sont précis pour transmettre des informations sensibles, et encourageants lorsqu'ils soutiennent les efforts de nos proches.

Nos paroles réconfortent, félicitent et consolent, mais elles peuvent aussi déstabiliser et faire de sérieux dégâts. Leur maladresse engendre confusions et malentendus, et alimente de pénibles disputes. Elles peuvent panser les plaies autant que blesser les cœurs.

Il arrive que nos propos dépassent notre pensée et nous payons ensuite le prix de nos déclarations intempestives. Alors que nous voulons convaincre, nous exagérons et nos tentatives s'avèrent contreproductives. Tandis que nous voudrions aimer, nos paroles nous éloignent chaque jour un peu plus. Quand nous plaidons notre cause, nous perdons pied.

Parfois nous ne trouvons pas les mots, nos émotions demeurent enfouies, notre colère n'ose pas s'exprimer, notre humour reste timide et notre affection muette. Nous n'arrivons pas à dénouer les fils qui nous enserrent et brident nos relations.

Nous pouvons éviter ces dérives malheureuses en apprenant à communiquer. Entendre vraiment ce que vit et dit l'autre, clarifier ce que nous ressentons et l'exprimer avec exactitude, c'est possible. Prévenir les embrouilles et résoudre nos problèmes relationnels en dialoguant intelligemment, tout en nuances et avec respect, cela s'apprend. Les mots deviennent alors des mains tendues au-dessus du vide.

Les erreurs se corrigent, les malentendus se dissipent et les tensions se dénouent. La concorde règne à nouveau et les sentiments affectueux s'en nourrissent.

Bien communiquer rend heureux. L'esprit apaisé, nous nous sentons sereins et en lien avec les autres. Nous sommes à jour avec la vie.

Dans notre monde hyper connecté, malgré la multitude et la rapidité des échanges, tels qu'aucune culture n'en a jamais connus, nous communiquons assez pauvrement. La vitesse l'emporte sur la finesse et évince l'analyse. La réaction immédiate empêche le recul, affaiblit la réflexion et favorise l'imprécision autant que l'impulsivité. Nous perdons la capacité à élaborer une pensée structurée et rigoureuse, et plus encore à l'exprimer avec l'attention et les subtilités que sa complexité singulière requiert.

Nous aurions pu apprendre à communiquer avec justesse dès l'enfance mais, dans certaines familles, on ne parle pas. Dans d'autres, on parle trop et en tous sens. Ici, le verbe est superficiel, ailleurs, il est assassin. Rares sont les familles où les conversations sont toutes agréables, pertinentes et respectueuses des âges et des personnalités.

Mais rien n'est irréparable. Nous pouvons découvrir aujourd'hui les mécanismes d'un dialogue mené en toute conscience et constater combien il permet d'éviter les incompréhensions et les tensions inutiles.

Mieux nous comprendre les uns les autres nous rend plus proches et plus confiants. Nous apprenons à aller au bout de nos pensées, à nous exprimer avec attention, à demeurer conscients du but poursuivi et responsables de nos paroles, à nous affirmer avec respect de l'autre et de nous-mêmes, et à nous affronter si nécessaire, sans que les désaccords ne se transforment en querelles.

La communication interpersonnelle est très riche. Elle comprend l'écoute et l'expression, dont la danse fluide équilibre les tête-à-tête. Elle repose sur l'expression autant verbale que non verbale, dont l'importance est insoupçonnée. Elle mêle le rationnel et l'émotionnel, le conscient et l'inconscient.

Pourtant, avant même de se parler, il convient de se comprendre soi-même, de savoir ce que l'on veut dire exactement et dans quel but... Bref, ce n'est pas simple. Mais c'est passionnant et très utile !

Les relations nécessitent un échange, des mots pour se dire et se comprendre. Toutefois, nous n'accordons pas la même portée aux paroles selon que nous les exprimons ou les entendons. Nous faisons beaucoup d'erreurs d'interprétation. Un message peut sembler pertinent pour celui qui l'émet, mais arrogant pour celui qui l'écoute, et la suite risque d'être biaisée par cette discordance initiale. Il ne suffit pas de parler, encore faut-il savoir comment nous sommes compris.

Professionnellement, le verbe est un de mes outils les plus précieux. Depuis trois bonnes décennies, mon travail de psychologue et de thérapeute m'amène à décrypter la dynamique et les subtilités du langage. Comme tout le monde, j'ai dû apprendre à m'exprimer et à écouter. J'ai découvert la complexité de la communication et ses rouages. J'en connais aujourd'hui la puissance et l'utilité. Les mots clarifient, ils ouvrent des petites clairières lumineuses dans nos pensées embrouillées, où germent alors des résolutions ajustées. Ils apportent de la sérénité là où sévissaient les interrogations inquiètes. Les mots guérissent nos blessures d'enfance et renforcent nos positionnements d'adultes.

C'est cette connaissance que je voudrais partager avec vous par l'écriture de ce livre.

Pour lui donner une structure, j'ai choisi de distinguer l'écoute, que je traiterai au deuxième chapitre, l'expression au troisième et la communication au quatrième et dernier chapitre. Ces trois volets reposent sur une analyse du terrain qui fait l'objet du premier chapitre.

Boileau nous dit : « Ce qui se conçoit bien s'énonce clairement et les mots pour le dire arrivent aisément. »

C'est si vrai, et tellement énervant ! Cela a l'air si simple. Mais « bien concevoir » ce que nous souhaitons exprimer impose de nous comprendre nous-mêmes, de sortir de nos confusions internes et d'arriver à mettre des mots sur nos désirs et nos émotions. C'est probablement la partie la plus difficile de la communication, mais c'est l'indispensable premier pas : « faire le ménage » en soi ! Cela nécessite de prendre du recul, d'avoir une bonne capacité d'introspection et une sérieuse honnêteté à son propre égard. Se leurrer soi-même est la chose la plus facile qui soit pour maintenir ses croyances et ses convictions. Et faire du surplace.

L'expression spontanée est charmante, mais ne suffit pas pour éviter les malentendus. L'impulsivité n'apaise pas les tensions relationnelles. Le dialogue destiné à déchiffrer et résoudre les problèmes entre personnes prend racine dans un terreau qu'il faut d'abord bien préparer. La communication est l'aboutissement d'un bon travail de clarification de nos pensées et d'ajustement des mots avec notre ressenti, tout en ne perdant pas de vue le but que nous souhaitons atteindre.

Nous allons donc prendre le temps d'éclairer ce contexte multiforme et complexe, afin qu'ensuite l'écoute, l'expression et la communication y puisent force, respect et efficacité.

C'est le sujet du premier chapitre. Allons-y.

Chapitre 1
RECONNAÎTRE

Cherchons nos lumières dans nos sentiments.
Il y a là une chaleur qui contient beaucoup de clarté.
JOSEPH JOUBERT

Il est surprenant de constater combien nous nous méprenons vite ! Je l'observe à longueur de temps.

Hier encore, nous étions en train de « refaire le monde » avec quelques amis autour de la table. Le débat était animé et une des convives déclara, sur un ton dont la modestie me paraissait destinée à temporiser la portée de ce qui allait suivre : « Je n'ai pas la prétention de tout connaître. Je ne me base que sur ce que j'ai vécu, mais je trouve que... » Personnellement, j'y voyais une marque de prudence et de modération, mais l'ami à qui elle s'adressait ne l'a pas entendu de cette oreille. Il a compris qu'elle lui signifiait qu'il était prétentieux

> et qu'il pensait tout connaître ! Ce malentendu a temporairement plombé l'ambiance et empêché la poursuite intéressante du débat. L'interlocuteur irrité est devenu passablement agressif, l'amie maladroite s'en est offusquée et a tâché un peu vainement de se justifier, bref ça pataugeait !
>
> « Je n'ai pas la prétention… » Était-ce un petit dérapage innocent ou une intention vexatoire cachée ? Et l'interprétation qu'en a faite l'interlocuteur, était-elle judicieuse ou tendancieuse ? N'aurait-il pas profité de ce mot malheureux pour remettre au pas cette femme qui le contrariait ? Et elle, ne s'était-elle pas autorisée, avec ce choix de vocabulaire, à exprimer plus qu'elle ne semblait en dire ?

Même proches, nous ne nous comprenons pas très bien. Nous avons tous une construction psychique particulière. Pas une n'est semblable à l'autre. Chacun porte son histoire, ses références, ses systèmes de décodage et divers autres enjeux. Chacun sur une rive du fleuve, nous jetons nos messages par-dessus les eaux. Nous les attrapons au vol ou les perdons dans les hautes herbes. Des déclarations adorables qui se dégustent avec tendresse, des compliments qui font un bien fou, des demandes claires auxquelles nous pouvons apporter des réponses directes, sans crainte. Certaines interventions nous prennent par la main et nous sortent de la confusion avec beaucoup de délicatesse. Il est des mots qui nous font grandir, des paroles que nous n'oublierons jamais, qui marqueront notre vie définitivement, d'une belle pierre blanche.

Mais il est des cris incompréhensibles qui nous parviennent au milieu du tumulte et dont nous ne savons que faire. Certains, lestés de haine, sont de véritables missiles qui nous anéantissent. D'autres sont envoyés distraitement, quand nous ne nous y attendons pas. Nous n'avons pas encore compris la portée d'un message que le suivant nous tombe sur le coin de la tête. Tantôt ils nous éclairent, tantôt ils brouillent plus encore nos efforts de compréhension. Quelques déclarations sont limpides, d'autres sont illisibles. Et c'est avec cet arsenal de bric et de broc qu'on se parle... Pas étonnant qu'on se comprenne parfois si mal !

Alexandre et Caroline arrivent à ma consultation. Ils ont une quarantaine d'années et semblent tendus et malheureux. Ils s'asseyent côte à côte, sur le divan. Je les invite à exprimer ce qui se passe au sein de leur couple. Pour pouvoir les aider, il faut d'abord que j'y voie clair.

Ils se regardent, leurs yeux disent : « Vas-y, commence... », avec gentillesse. Après un instant d'hésitation, Caroline prend le départ. Elle soupire, réfléchit, fait de gros efforts pour verbaliser ce qui la tourmente. Un mélange de colère et de tristesse. Son mari la regarde et l'écoute avec beaucoup d'émotion. Je lis autant de douleur que d'amour sur son visage. « Sincèrement, je ne me rendais pas compte, dit-il, la voix tremblante... Tu ne m'avais jamais dit ça... » Ils sont au bord de la séparation, épuisés par des mois de conflit, et semblent ne pas avoir pu se parler de manière à se comprendre véritablement. Jusqu'à aujourd'hui...

Que s'est-il passé ? Quelles émotions, ou quels enjeux ont brouillé leur possibilité de se parler, de s'écouter et de se comprendre ?

La communication ne fonctionne pas toujours mieux avec nos enfants, et moins encore avec les ados. « Vous ne comprenez rien ! » lancent-ils avant d'aller s'enfermer dans leur chambre.

Comment se fait-il que des parents, directement concernés par l'évolution de leurs enfants, les comprennent-ils parfois si mal ? Pourquoi, alors qu'ils les aiment et ont pour mission de les amener à l'âge adulte, découvrent-ils trop tard qu'ils ignorent un pan entier de leur vie, qu'ils ont perdu le lien, et parfois même leur confiance ?

Quant aux relations que nous entretenons avec nos proches, parfois même nos plus chers amis, elles ne sont pas non plus dénuées de quiproquos.

Pourquoi tant de malentendus ?

Quand tout va bien, les couples, les membres de la famille, les amis semblent complices et paraissent se comprendre à demi-mot. Parfois, nous envions leur connivence. Leur proximité affectueuse nous paraît aller de soi.

Dans notre propre vie, en revanche, les relations ne sont pas toujours aussi faciles. Pour des petites choses toutes simples, parfois nous nous embrouillons. Même lorsque nous nous aimons et tendons vers un but commun, rien ne garantit que nous soyons sur la même longueur d'onde.

Dès que les sujets deviennent sensibles, l'affection ne suffit plus. Bien écouter, bien s'exprimer et bien communiquer nécessitent des attitudes réfléchies et conscientes, différentes de celles qui président à la discussion spontanée.

Pourquoi est-ce si compliqué ?

Cet autre, si différent de moi

Nous sommes loin de concevoir l'image que les autres ont de nous. Même nos meilleurs amis nous perçoivent différemment de ce que nous croyons.

Nous dégageons parfois une impression de confiance plus grande que ce que nous ressentons. Les gens nous voient plus sûrs et plus capables que nous ne le sommes réellement. Ou, à l'inverse, un abord modeste et une élocution timide ont créé une impression de fragilité ou d'incompétence qui nous discrédite.

Il arrive que nous ressentions cette petite discordance, mais pas toujours. Parfois même, nous préférons que nos proches nous imaginent meilleurs que nous ne pensons être. Après tout, ça fait du bien ! Nous leur laissons cette illusion, quitte à vivre avec la crainte légère d'être démasqués. Nous nous sentons admirés à tort, par exemple, mais comme ce n'est pas désagréable, nous laissons faire... Nous pensons : « S'il savait... », mais nous nous taisons.

À l'inverse, il arrive que nous nous sentions plus compétents que ce que les gens nous renvoient. Mais nous n'avons pas osé nous affirmer, l'image s'est construite sur un seul moment qui a été maladroit, mais elle nous protège d'une attente à laquelle nous n'avons pas envie de répondre.

Ce clivage est normal. Nous avons de nous-mêmes une image intime, nous nous percevons de l'intérieur, nous entendons nos pensées et nous ressentons nos émotions. Personne ne connaît nos conflits internes, nos malaises, nos doutes et nos incertitudes cachées. Ni cette tristesse diffuse qui nous donne l'impression d'être seuls au monde, ou cette difficulté qui nous fait croire que notre vie est moins belle que celle des autres. Parfois, un besoin ou un manque nous paraissent criants, mais personne ne semble le percevoir à la hauteur de ce que nous vivons. Nous entendons nos souhaits et nos envies, nous connaissons la solidité de nos compétences, mais si nous n'avons pas trouvé le moyen de bien les exprimer, personne ne peut les deviner.

À l'opposé, l'écart entre l'impression que nous font les gens qui nous entourent et ce qu'ils vivent intérieurement est évidemment tout aussi grand. Par exemple, nous pensons connaître un ami de longue date, mais nous découvrons encore, après de nombreuses années de complicité, une sensibilité que nous ignorions et que nous avons peut-être piétinée sans le savoir. Parce que « ce n'était pas écrit sur son visage » !

Théoriquement, nous le savons : nous sommes tous différents. Mais en pratique, nous en tenons trop peu compte.

Nous ne comprenons pas toujours la logique d'autrui. Ses besoins et ses sentiments ne sont pas nécessairement évidents. Nous ne voyons que ce qu'il veut bien laisser paraître ; tout le reste nous échappe. Et qui plus est, nous avons nos propres grilles d'interprétation qui biaisent nos perceptions. Nous ne voyons de l'autre que la face tournée vers nous de la pointe émergée de l'iceberg, dans le brouillard... Tout le reste nous échappe !

Nous filtrons en fonction de nos habitudes, de ce qui nous paraît normal, mais aussi selon notre tournure de caractère. Si nous vivons une période heureuse, notre bonne humeur nous donnera davantage envie de voir le bon côté des gens, alors que si nous traversons une période difficile, nous aurons tendance à ne prêter attention qu'aux problèmes. Certaines personnes, pour des raisons liées à leur propre histoire, ne voient que la face sombre des événements, ou se font systématiquement l'avocat du diable. Leurs filtres sélectionnent les aspects négatifs de ce qui est énoncé sans qu'elles ne s'en rendent vraiment compte, alors que d'autres, de nature plus heureuse, font exactement l'inverse, tout aussi automatiquement. C'est le vase à moitié vide ou à moitié plein, vous le connaissez.

Mais nous sommes également enclins à sélectionner en fonction de nos intérêts. Les situations de vie qui créent des problèmes sont toujours multifactorielles. Il n'est pas facile de les appréhender objectivement dans toute leur complexité. Nous opérons un tri dans les divers éléments qui constituent l'ensemble, en retenant préférentiellement ceux qui nous conviennent, qui correspondent à ce que nous voulons vivre. Si quelqu'un exprime un doute entre deux versions, nous pouvons ne retenir que celle qui nous intéresse, et y adhérer, à tort ou à raison.

Ce fonctionnement génère de nombreux malentendus. L'erreur réside dans le fait que nous interprétons le discours de notre interlocuteur, sans vérifier si nos suppositions correspondent à ce qu'il veut réellement exprimer. Et dans la direction inverse, nous supposons qu'il comprend ce que nous déclarons de manière identique à ce que nous pensons. Nous émettons un message, avec nos mots, nos mimiques, nos sous-entendus, notre humour, toutes ces nuances qui nous sont si personnelles, et nous postulons qu'il nous a bien compris. Nous pensons que notre évidence l'est aussi pour lui.

> Il n'a rien compris. Je lui ai pourtant fait comprendre que je préférais le faire moi-même. Je n'aurais jamais imaginé qu'il prenne une telle initiative sans m'en parler.

Nous lui avons *fait comprendre*... Nous avons *imaginé*... Mais qu'avons-nous dit exactement ? Avons-nous vérifié si nous nous comprenions bien ? Et comment nous y sommes-nous pris ?

Nous avons tendance à prévoir ou à déduire une logique de comportement chez autrui, comme si la connaissance, somme toute assez partielle, que nous avons de lui nous donnait suffisamment de certitude pour nous dispenser de vérifier.

> Ah ? Désolé, je pensais que tu aimais ça... Je n'aurais jamais cru que ça te vexerait.

Oui, je *pensais*, je n'aurais jamais *cru*... Mais ai-je vérifié ? Ou juste supposé ?

Il peut nous arriver d'ébaucher un début de raisonnement, de nous poser une question à haute voix :

> Je me demande si cette voie-là ne serait pas la bonne...
> Ça me tente d'essayer...
> Tiens, et si on supprimait cette option ?

Mais notre interlocuteur l'entend comme l'expression d'une décision cohérente qu'il tient pour établie, et il en tire des conséquences que nous n'avions pas prévues.

Ces présomptions courantes, si elles ne sont pas contrôlées, ne sont qu'hypothèses à l'origine de fréquentes méprises. Quelques vérifications nous permettraient pourtant facilement de les éviter.

Nous ne vivons pas la même chose

La réalité du monde en tant que telle nous échappe. Un événement n'a pas d'intérêt à lui tout seul. Il ne prend son sens que perçu par quelqu'un. Si une noix de coco tombe de son palmier sur une plage déserte, tout le monde s'en fiche. Si elle atterrit sur ma tête, je peux en mourir ! C'est le même événement, mais la perception en est radicalement différente. Si une personne assiste à la scène (et que je n'en suis pas morte, mais juste un peu cabossée !), elle peut rire aux éclats de cette drôle d'infortune. Nous aurons, elle et moi, une perception fort divergente de l'incident, c'est le moins qu'on puisse dire ! Nous en garderons un souvenir dissemblable, une émotion singulière, et nous le raconterons autrement l'une et l'autre.

Dans cet exemple, c'est très clair. L'événement est simple : une noix de coco est tombée sur ma tête. Le début de l'histoire sera probablement assez semblable dans les deux récits, mais, l'impact de la noix étant gravé bien différemment dans le souvenir de chacun, la suite du récit divergera certainement, peu quant aux faits qui sont assez basiques, mais largement sur l'ambiance, les émotions et les conclusions à en tirer.

En revanche, dans nos histoires de tous les jours, celles qui minent nos relations professionnelles, assombrissent nos amitiés ou sont à l'origine de nos disputes, c'est plus complexe. Les événements s'échelonnent au fil du temps et sont multiformes. Le récit que chacun enregistre est bâti sur des interprétations. Notre mémoire étant par nature sélective, nous n'enregistrons pas chaque détail, nous n'en retenons qu'une partie en fonction de nos filtres personnels : ce qui nous intéresse, ce qui a de l'importance à nos yeux, selon notre sensibilité propre, les enjeux, le but que nous poursuivons, et aussi en fonction de nos croyances et convictions intimes, conscientes et inconscientes. Confrontés au même événement, nous en gardons chacun une impression différente, au point d'être parfois stupéfaits des autres interprétations. Et comme nous ne clarifions pas toujours au fur et à mesure, les non-dits s'accumulent et chacun échafaude dans son coin, puis réagit en conséquence. C'est là que commencent les difficultés de communication.

– Non, ça ne s'est passé comme ça !
– Mais si ! C'est toi qui as commencé !
– Comment ! Mais tu n'arrêtes pas de m'agresser !
– Quoi ! Mais jamais ! Jamais voyons !
– Mais si ! Tu ne te rends pas compte comme tu t'emportes !

Plus nous collons à notre vision personnelle, en pensant qu'elle est vraie, plus nous nous éloignons de notre interlocuteur, moins nous le comprenons et moins nous sommes ouverts à un vrai dialogue qui aurait pour but la concorde et non la défense de notre propre point de vue.

Lorsque nous discutons, et *a fortiori* lorsque nous nous disputons, nous croyons qu'il y a *une* vérité. Et nous tâchons de la trouver, de la soutenir ou de l'imposer. Nous sommes convaincus que la manière dont nous avons vécu les faits représente la vraie version, la bonne, la seule. C'est ce qui nous fait dire que nous avons raison et que l'autre a tort. Or, bien souvent, il n'y a ni tort ni raison, mais seulement deux visions différentes des mêmes événements.

– Quand je t'ai vue prendre ces initiatives, je me suis dit que tu préférais gérer les choses à ta manière.

– Mais tu as supposé ça tout seul dans ton coin ! On n'en a jamais parlé !
– Non, je n'ai pas supposé, j'ai constaté ! Quand tu as pris cette décision, ça me paraissait évident que tu voulais diriger les opérations toi-même !
– Quoi ? ! Mais c'est dingue ! Tu as complètement tort ! Je n'ai jamais dit ça, et même jamais souhaité !
– Écoute, je suis désolé si ta logique est particulière, mais moi, je trouve normal de lier les deux. C'est en tout cas comme ça que j'aurais fait à ta place.
– Mais tu n'es pas à ma place ! Et tu ne sais pas ce que je ressens ! Tu imagines, tu supposes, mais tu ne vérifies rien !

Cet échange tendu entre partenaires est une illustration de dérives fréquentes : l'homme (ici c'est un homme, mais les rôles pourraient parfaitement être inversés) suppose et conclut à partir de sa logique propre, qu'il imagine être partagée par sa compagne. Il prend sa compréhension des faits pour avérée. Il a constaté, c'est la vérité. Il ne voit que l'apparence et ne se soucie pas de chercher une autre version qui conférerait une signification divergente à l'histoire, parce qu'il n'imagine pas qu'il puisse y en avoir une.

On pourrait même lire ce dialogue avec un ton de voix qui le colorerait d'une nuance de mépris lorsqu'il prétend être désolé « de sa logique particulière ». Le timbre et les mimiques, qui forment l'expression non verbale, soutiennent, dominent ou contredisent parfois le sens des paroles. C'est une autre source de confusions et de malentendus.

Verbal et non verbal

Nous nous exprimons autant avec les mots qu'avec le corps : l'intonation, l'expression faciale, les postures et les mouvements. Une personne centrée, alignée, dégage une impression de cohérence entre ce qu'elle ressent et ce qu'elle exprime. Le dedans et le dehors sont en harmonie. On sent qu'elle « sonne juste ». Ses attitudes, ses paroles et ses comportements concordent de façon évidente. C'est ce qu'on appelle la congruence.

En général, les personnes congruentes sont tranquillement solides et agréables à fréquenter, parce qu'avec elles on sait toujours sur quel pied danser. Elles n'ont pas besoin de masquer ce qu'elles ressentent, bien au contraire, elles l'assument. Mais il ne leur est pas nécessaire non plus de l'affirmer avec force, puisqu'elles sont « lisibles », et elles le savent.

En revanche, lorsque nous percevons chez notre interlocuteur un désaccord entre ces deux registres, verbal et non verbal, nous sommes un peu perturbés, à juste titre.

- Une personne peut se montrer séductrice par écrit, mais distante lorsqu'on est en sa compagnie. À quel jeu joue-t-elle ?
- Quelqu'un nous dit, d'un ton énervé : « OK, ça vaaa, je vais le faire ! », va-t-il le faire ou non ? Et s'il le fait, ne le fera-t-il pas à contrecœur, à tel point que nous aurons vraisemblablement un prix à payer ?
- Si notre amoureux nous dit, d'un ton tristounet : « Non, non, ne t'en fais pas, tu peux passer la soirée

avec tes copines, ça ne me fait rien, ça ira... », avons-nous raison ou tort de sortir sans lui ? Que croire ? Les mots, que chacun devrait assumer lorsqu'il les prononce, ou le ton qui suggère l'inverse ?

L'expression non verbale en dit long. Parfois bien plus que les mots. Souvent, elle se suffit à elle-même. Un sourire éloquent, un geste affectueux, une bonne tape dans le dos, des sourcils qui froncent, des petits yeux pétillants, un bras autour des épaules, une moue dubitative, nous connaissons ce vocabulaire. Il nous est vraisemblablement commun.

Mais pas toujours. Contrairement à ce que nous vantent les livres qui décodent le langage du corps, celui-ci est loin d'être universel. Il est tout aussi varié que l'est notre lexique verbal. Nous avons développé nos codes corporels en fonction d'une diversité de critères, comme nous l'avons fait pour notre vocabulaire.

Par exemple, se passer la main dans les cheveux est signe de désir chez certains, mais aussi de nervosité. Et la nervosité n'est pas toujours liée au désir, loin s'en faut. Un tendre appui de la main sur l'avant-bras signifie « Ne t'en fais pas, tu n'es pas seul » de la part de cet homme protecteur, mais est entendu comme « J'ai envie de toi » par celle qui en est secrètement amoureuse. Selon le contexte, mais aussi selon notre susceptibilité, hausser les sourcils veut dire « tu m'étonnes » ou « quel imbécile »...

Il n'y a pas plus de langage corporel universel qu'il n'y a de codes verbaux communs. Dans les grandes lignes, on croit qu'on partage un lexique et qu'on se comprend, mais, dans les nuances, chacun parle une langue qui lui est propre. Et pour se rapprocher les uns des autres, rien de tel que d'apprendre la langue de l'autre. Mais aussi la nôtre ! Parce que nous sommes assez peu conscients de la spécificité de nos lexiques verbaux et non verbaux.

Une large partie de notre expression, tant verbale que non verbale, nous est inconsciente, mais elle est lisible pour celui qui la perçoit. Avec ses propres filtres, il capte une coloration particulière qui accompagne nos messages et qui agit sur lui d'une manière que nous ne soupçonnons pas.

Cependant, il arrive que l'émetteur du message soit très conscient, et même lucidement volontaire, lorsqu'il brouille les pistes en exprimant silencieusement une humeur qu'il choisit de ne pas verbaliser. Il boude par exemple sans donner d'explication, mais il sait que cette fâcherie fera de l'effet à son partenaire. Un effet désagréable et confus, éventuellement teinté de menaces, mais, comme rien n'est exprimé, il lui sera ensuite facile de nier les faits. Pour obtenir un assentiment, tel autre va sciemment séduire d'un simple regard, d'un sourire ou d'un ton de voix, alors que son jeu de charme ne correspond à aucun sentiment réel. C'est extrêmement perturbant.

À la longue, nous concevons la personnalité de notre interlocuteur en fonction de ses messages subliminaux, nous lui inventons une forme de logique basée sur des impressions peu claires et non vérifiées, perçues par nos propres filtres. Les décisions qu'il prendra ultérieurement ou ses réactions à nos comportements risquent alors de nous étonner, voire de nous déplaire.

Aussi longtemps que nous ne mettons pas les choses à plat, nous conservons nos interprétations et nos explications douteuses, qui ne font qu'office de rustines, tout juste bonnes à colmater les failles de la version que nous croyons juste ou que nous voulons obstinément garder.

SMS & Cie

L'absence du canal non verbal induit de nombreux malentendus dans nos mails, textos et autres *tweets*. Nous ne voyons pas le visage de notre correspondant ni n'entendons sa voix et ne percevons donc pas l'impact de ce que nous exprimons. Lui ne saisit pas toujours si nos propos relèvent de l'humour ou s'ils sont sérieux. Sa surprise, son plaisir mais aussi sa douleur nous échappent.

Outre le fait que l'immédiateté et la brièveté du texte empêchent la formation d'une pensée élaborée, les nuances sont absentes de ces mini-messages. Ils sont plats et désincarnés, malgré les petits *smileys* qui sont censés y ajouter de la couleur.

Apparemment, le côté pile, c'est que nous osons écrire des choses tendres ou coquines que nous ne dirions pas en présence de la personne, et cette audace est très agréable aux timides, si elle permet une suite heureuse et incarnée. Sans conversion dans la vie réelle, le jeu demeure assez stérile. Mais si nous préférons vivre dans un monde plus imaginé que réel, c'est notre choix...

En revanche, le côté face, nettement moins drôle, c'est que nous nous permettons aussi d'exprimer des propos avec une brutalité que nous ne risquerions pas de manifester les yeux dans les yeux. Un *scud*, à distance. Et tant pis pour les dommages collatéraux.

Depuis l'invention de la plume d'oie, nous correspondons par écrit, et les malentendus liés au texte seul ont toujours existé, mais la correspondance manuscrite traditionnelle reposait sur une composition plus réfléchie et plus nuancée, où les mots étaient pesés. La missive mettait quelques jours à arriver, et la réponse aussi. Ce délai permettait le recul et la réflexion. La pensée mûrissait avant la conception du texte. Aujourd'hui, nous sommes capables de draguer en deux mots et de rompre en un clic ! Et cela fait de sérieux dégâts !

> « J'ai beaucoup de respect pour toi et ne veux surtout pas te faire de mal, mais je ne me sens plus amoureux et ne peux plus me mentir. Je ne désire pas continuer notre relation actuelle. Je n'ai pas envie non plus de te voir pour en discuter. Ma décision est prise. Mais je suis désolé de la peine que je te fais. »
>
> Alice reste figée devant son mail ! Le lâche ! Hier encore, il la cherchait sous les draps et aujourd'hui ce courriel ! La brutalité de son rejet la blesse profondément. Comment peut-il retourner sa veste si violemment ?
>
> Elle sent son ventre se serrer, ses mains trembler. La colère l'envahit. Un petit mail bien saucé et un clic de souris, c'est vraiment facile ! On n'est pas confronté au mal qu'on fait. C'est petit...

Alice médite sur ce qui s'est passé. Sa colère est légitime, elle le sent profondément. S'il pensait vraiment qu'il ne « voulait surtout pas faire de mal », il ne devrait pas agir comme ça ! Il y a quelque chose de tellement brutal dans cette coupure nette et cette absence de souci de l'autre. Rompre n'est jamais facile, ni pour celui qui subit, ni même pour celui qui prend la décision, mais il n'était vraiment pas nécessaire d'en rajouter ! Il faut qu'il sabote, qu'il fasse mal. Elle se sent rejetée dans le froid et le silence et c'est là que ça blesse.

Du coup, il est drôlement descendu dans mon estime, se dit Alice, ça m'aide à accepter cette rupture ! Je me sens triste, mais plus encore en colère, c'est plus tonique ! Pour le moment en tout cas...

Mais qu'est-ce que je souhaite ? Essayer de le reconquérir ? Je ne pense pas. Essayer de le culpabiliser ? J'en ai un peu honte, mais ça ne me dérangeait pas. De toute façon, j'imagine bien que, même sans ça, il doit se sentir assez mal pour agir de la sorte et sans doute un peu coupable. Je le connais, je l'ai aimé, estimé, il ne doit pas se sentir très fier de lui pour le moment, j'en suis sûre, et c'est bien fait pour sa pomme !

Idéalement, j'aurais souhaité qu'on soit capables de mettre un point final en douceur et avec gentillesse à ces mois durant lesquels nous nous sommes découverts et avons essayé de nous aimer, avec nos peurs et nos blessures, avec nos espoirs et nos besoins, pas toujours compatibles, ces mois durant lesquels nous avons été proches, confiants l'un dans l'autre. Y sommes-nous parvenus ?

Quand sa colère se calme, Alice peut réfléchir plus honnêtement et s'interroger sur sa part de responsabilité dans ce qui arrive. S'il n'a pas pu me parler de vive voix, se dit-elle, c'est sans doute qu'il n'a pas osé. C'est plus facile de se fermer les yeux, mais peut-être craint-il aussi ma réaction ? Mes tentatives de le convaincre qu'il a tort, mon envie de le culpabiliser, parce qu'il n'est pas vraiment fier de lui, parce qu'il doute probablement. Cette décision a dû être difficile, c'est vrai, parce que nous ne nous détestons pas. Simplement, il n'est plus assez heureux dans cette relation, je dois bien l'admettre, et il arrive à être plus ferme devant son clavier que devant moi.

Bon, qu'est-ce que cela m'apprend sur moi-même ?

Lorsque nous recevons un SMS, sans les nuances nécessaires à son interprétation, nous les imaginons. Mais sur quoi nous basons-nous ?

- Notre humeur du moment ?
- Notre crainte d'y lire ce que nous ne voulons pas entendre ?
- Notre envie d'y voir ce que nous souhaitons ?
- Ce qui s'est déjà passé et qui ne peut que se reproduire ?
- Notre inconscient qui nous gouverne ?
- Nos démons qui se réveillent ?

Un peu de tout cela sans doute mais, quoi qu'il en soit, nous échafaudons des hypothèses. Et c'est sur la base de celles-ci que nous répondons au message et que nous créons en retour un autre malentendu si notre interprétation n'est pas exacte.

Aujourd'hui, c'est toute une génération qui communique par SMS. En tant que thérapeute, j'entends de nombreux récits de fiascos relationnels qui reposent sur les dérives des textos. Tout y est biaisé, autant les propos tendres que ceux qui sont brutaux. Et plus encore les silences. Lorsque l'un ne répond pas, l'autre ne sait plus quoi penser. Ne pas répondre est une réponse, mais laquelle ? Ce vide est comme un emballage, mais que contient-il ? Que doit-on comprendre ? Le seul intérêt de cette situation très désagréable, c'est que cette page blanche est le lieu de projection de nos fantasmes : nous y lisons ce que nous voulons, ou ce que nous craignons. Ces interprétations sont le reflet de notre monde intérieur, que nous projetons en guise d'explication sur un support très incomplet : autant le regarder les yeux ouverts et apprendre à le décrypter.

Comme au cinéma, nos projections interprétatives sont bien plus le produit de nos préoccupations, conscientes ou non (le projecteur), que la juste compréhension des messages minimalistes et plus encore des silences (l'écran blanc) : plus ils sont lapidaires, plus nous avons de place pour projeter nos fantasmes...

Pour tout ce qui est sensible, que ce soit les prémices amoureuses, les difficultés relationnelles ou les colères et les frustrations, fuyons la communication par SMS. Les utiliser, c'est choisir délibérément d'ajouter, à la difficulté de la situation elle-même, l'incomplétude de ce type de messages.

Rien de tel que d'entendre la voix de la personne et, mieux encore, de la voir. C'est plus difficile, mais c'est plus juste. Donc c'est mieux ! La confrontation à la réalité de la personne, en chair et en os, nous évite bien des malentendus susceptibles de gâcher un lien précieux qui pourrait être sauvegardé.

Conscient et inconscient

Comme si tout cela n'était déjà pas assez compliqué, non seulement la communication utilise les canaux verbaux et non verbaux, mais elle s'inscrit également sur deux autres plans entremêlés : le conscient et l'inconscient. Avec, entre les deux, une zone intermédiaire assez floue, considérée comme subconsciente.

C'EST QUOI EXACTEMENT, LE SUBCONSCIENT ?

En vérité, il n'existe pas de couches distinctes en matière de conscience. La conscience que nous avons de nous-mêmes est un processus dynamique, en constante amélioration, qui comporte des périodes de grande lucidité concernant des modes de fonctionnements que nous sommes aptes à reconnaître, mais également, de temps à autre, des périodes de régression. Certains sujets sont trop lourds, nous ne nous sentons pas capables de discernement, notre clairvoyance est en berne. Pour nous protéger des conséquences d'un regard pénétrant sur nous-mêmes, qui nous obligerait à modifier nos croyances et nos comportements, nous préférons, sans trop y réfléchir, reporter le travail à plus tard et nous le refoulons dans le clair-obscur de notre subconscient. Cette zone intermédiaire, entre un inconscient qui n'a jamais connu les lumières de la clairvoyance et une conscience acceptée et responsable, est un territoire fourre-tout, une zone de semi-conscience qui a bon dos. Le refoulement, voire le déni, sont toujours plus faciles que l'honnêteté et la lucidité. On réécrit l'histoire à l'aune de nos besoins, et le tour de passe-passe nous simplifie la vie. Pour un temps. Les archives entassées à la cave ressurgissent toujours un jour ou l'autre.

En matière de communication, le plan conscient comprend plus de verbal que de non-verbal. Nous sommes conscients de ce que nous disons (en principe !), nous contrôlons globalement nos paroles. Mais d'autres forces nous dirigent : des émotions, des intentions, des besoins dont nous ne sommes pas conscients, et cette partie subconsciente ou inconsciente (ou consciente mais difficile à contrôler) transparaît en partie dans notre expression non verbale. Bien souvent, nous ne nous rendons pas compte de ce double canal, nous ne tenons compte que de celui qui nous paraît le plus « parlant » : le verbal.

Cependant, reconnaissons que, de temps en temps, nos paroles dépassent notre pensée. Parfois nous exprimons le contraire de ce que nous pensons, comme tout un chacun.

Pourquoi ?

- Par politesse
- Pour éviter de vexer
- De peur d'affirmer une vérité trop dure
- Pour ne pas blesser

- Par crainte de la réaction de l'interlocuteur
- Pour éviter d'entrer dans un débat qui nous dépasserait
- Par timidité
- Parce que le contexte est trop complexe
- Parce que nous n'y voyons pas clair
- Pour éviter d'être trop ému et de laisser couler nos larmes
- Pour éviter de nous dévoiler et de nous montrer vulnérables...

Bref, nous avons toutes sortes de raisons, bonnes ou mauvaises, de dire une chose et d'en penser une autre.

Nos interlocuteurs sont-ils conscients de la discordance entre nos mots et ce que nous pensons réellement ? À vrai dire, nous n'en savons rien. Nous ne savons pas vraiment si nos petits camouflages sont captés ou non, ni comment notre expression non verbale est interprétée.

C'est particulièrement visible lors de disputes. Il vient un moment où ce qui compte apparemment pour certains, c'est de gagner le combat, coûte que coûte. La recherche de la concorde n'est plus vraiment l'objectif, l'apaisement du conflit non plus. Ce qui domine, c'est le besoin d'avoir raison et d'attribuer la responsabilité du problème à l'autre. Les paroles deviennent excessives, les phrases sont assénées, on manque cruellement de nuances et on finit par utiliser les mots comme des armes.

> – C'est infernal ! On ne peut jamais te faire confiance ! Tu es vraiment de mauvaise foi !
>
> – Ah oui ? Mais c'est toi qui fais toujours tout foirer !

Tu mens comme tu respires !
– Quoi ! Et qui a décidé de passer Noël chez ta mère ? Tu crois que ça m'amuse d'écouter ses sempiternels commérages ?
– Mais qu'est-ce que ma mère a à voir là-dedans ? Tu es odieux ! Avec tout ce qu'elle fait pour nous !

Pourquoi ces dérapages si fréquents alors qu'à l'origine une discussion devrait avoir pour dessein de résoudre les problèmes ? La colère brouille les consciences et, comme un cheval fou, la discussion cavalcade sur des chemins qu'elle n'aurait jamais dû emprunter. Après ce galop enragé, les cavaliers se retrouvent un peu sonnés, atterrés par tout ce qu'ils se sont dit.

Sur le plan de la séduction, c'est pareil. On s'échange des mots doux, un petit jeu du chat et de la souris s'initie, mais ces déclarations ont-elles la même importance pour chacun ? L'un batifole avec légèreté tandis que l'autre se laisse doucement séduire. Le premier est-il conscient de l'impact de ses charmants messages ? Est-ce une manière intentionnelle de se rassurer sur son potentiel de séduction ? Ou est-il réellement innocent et inconscient ?

Et si ça m'arrangeait ?

Les liens les plus précieux, pour nombre d'entre nous, sont ceux qui tissent notre univers affectif : les relations amicales, amoureuses et familiales.

Dans notre vie professionnelle, nous investissons parfois du temps et de l'énergie dans l'apprentissage relationnel (séminaires en management, coaching en communication, etc.), alors que dans la sphère affective, où l'art de la relation est bien plus délicat et où les enjeux sont primordiaux, on ne nous enseigne pas à vivre en couple ni à être parent. L'école nous apprend rarement à bien communiquer, et moins encore avec un être aimé, un enfant qui grandit, un parent qui vieillit, tous si proches et si différents. Bien souvent, ce sont eux qui encaissent nos maladresses.

Pourquoi laissons-nous des situations en jachère ? Et parfois très consciemment ? Pourquoi perpétuons-nous des modes de communication qui crispent ou qui n'aboutissent pas à ce que nous souhaiterions ? (« Je te l'ai déjà dit cent fois ! » Comme si, à la 101e fois, cela allait enfin changer !)

Sommes-nous vraiment inconscients ou avons-nous un intérêt à laisser le climat se dégrader ? Pourquoi nous disputons-nous avec les gens qui nous sont les plus chers ?

À qui profite le crime ?

Mon travail de thérapeute me permet d'entrevoir le côté sombre des personnalités, cette obscurité qui parfois nous échappe et dont nous ne sommes pas très fiers, pour peu que nous en soyons conscients. Ces petits travers ou ces pensées « politiquement incorrectes » que nous ne révélons pas volontiers, et que nous avons parfois un mal fou à reconnaître.

Nous voudrions devenir celui ou celle que nous aimerions être ! Sans zone d'ombre, sans honte, sans petites mesquineries ou autres mochetés ! Cependant, grâce à l'introspection, qui nécessite autant de courage que d'honnêteté, nous devons admettre que nous ne sommes pas toujours tels que nous le souhaiterions, et notamment que nous n'avons peut-être pas intérêt à aller au bout de certaines choses, à faire les efforts requis pour mettre les mots justes sur ce qui se passe en nous ou dans la relation.

Il nous est plus facile, quelquefois, d'accuser l'autre plutôt que de reconnaître notre participation à la dérive. Décortiquer une situation tendue demande une grande maîtrise. Nommer les difficultés sans rajouter d'huile sur le feu, également. Reconnaissons que parfois nous n'exprimons pas véritablement ce que nous ressentons, ni ce que nous voudrions vraiment. Nous ne vérifions pas non plus comment nous avons été compris par notre interlocuteur, nous laissons planer le doute...

> « Ça ne te dérange pas si j'allume la télé ? » demande-t-il en prenant déjà la télécommande. « Non, non », répond-elle doucement sans lever les yeux. Mais ensuite, comme chaque soir, elle ne peut plus lire paisiblement son roman et elle finit par monter se coucher. Comme chaque soir, elle lit quelques pages et s'endort avant qu'il ne la rejoigne. En fait, ça l'arrange... Leurs rares ébats nocturnes ne lui laissent qu'un souvenir de lassitude et d'insatisfaction.
>
> Quant à lui, avachi devant sa série policière, il préfère ne pas analyser ce mélange de soulagement et de déception quand il la voit disparaître. Et dans la chambre, il étouffe sa frustration de voir sa femme

endormie lorsqu'il se glisse sous les draps, comme chaque soir. Il ne dit rien, craignant de gâcher l'équilibre apparent de leur ménage. Ou peut-être que, lui aussi, il s'en accommode... Il accumule les déconvenues, et prépare ses futurs reproches. Si leur vie sexuelle part à la dérive, cela lui convient de penser que c'est à cause d'elle, plutôt que de se demander pourquoi sa femme le fuit. Se taire les arrange l'un comme l'autre. Cela leur évite de réfléchir à la manière dont ils s'aiment.

Cela peut paraître curieux, ou idiot. Peut-être n'agissez-vous jamais comme les membres de ce couple usé, ou peut-être ne vous en rendez-vous pas compte. Cette honnêteté vis-à-vis de soi-même n'est pas à la portée de tous. Elle nécessite un entraînement. Pour certains, elle n'advient qu'après un bout de chemin avec un thérapeute ou un long travail sur soi. Pour d'autres, à force d'efforts et de rigueur de pensée. Mais, quoi qu'il en soit, il est fréquent de ne pas comprendre ce que l'on vit et de ne pas dire ce que l'on pense, ou même de dire le contraire. Non parce que l'on choisit de mentir délibérément, mais simplement parce que nous n'osons pas, ou que des paroles s'imposent à nous par habitude ou facilité, avant même que nous ayons pris le temps d'y réfléchir. Parce que ça nous arrange...

On pourrait se dire : « Et alors ? Si ça nous arrange, c'est que c'est mieux comme ça ! » Parfois, peut-être, mais souvent les conséquences se font sentir plus tard. Nous regrettons alors d'avoir dit ce que nous avons dit, ou d'avoir tu ce que nous pensions, ou ce que nous aurions dû dire. Parfois, nous sentions que nous avions tort, mais c'était plus fort que nous.

C'est un mode de fonctionnement qui nous est tellement habituel qu'il est difficile de le modifier. Nous savons que ce n'est pas vraiment clair, pas tout à fait vrai, que nous parlons trop vite ou que nous nous laissons aller, mais nous nous en accommodons. Nous percevons bien que l'autre n'a peut-être pas tout compris, mais nous ne vérifions pas. Le silence, le faux ou l'« à peu près » nous paraissent plus aisés que la précision et la vérité. Ces évitements nous préservent d'entamer une discussion délicate, de nous regarder en face et de nous mettre en question. L'approximation paresseuse nous semble plus douce que la rigueur des propos assumés.

Parce que, aussi paradoxal que cela puisse paraître, il est plus facile de mal communiquer que d'aller au bout des choses. Ensuite, c'est tellement simple d'attribuer les torts à celui qui n'a rien compris !

À partir du moment où nous en sommes conscients, nous pouvons choisir entre la fermeté d'une pensée aboutie, soutenue par une expression réfléchie, et la mollesse des mots approximatifs, superficiels et incontrôlés, mais nous aurons à faire face aux conséquences. C'est notre responsabilité.

LES PAROLES SONT DES ACTES

Que nous le voulions ou non, nous sommes responsables de nos actes et de nos paroles.

Nous sommes responsables de ce que nous faisons et de ce que nous choisissons de ne pas faire. Tout comme nous sommes responsables de ce que nous disons, et de ce que nous omettons de dire. Nous devons l'assumer.

Cette conscience nécessite de bien comprendre comment l'humain fonctionne. Les malentendus et les fiascos nous semblent rarement volontaires. Nous ne cherchons pas délibérément à saboter nos relations ni à voir nos projets capoter !

La compréhension de nos propres mécanismes nous échappe souvent. Parfois cette lucidité nous apparaît fugacement, comme un petit oiseau qui voltige un court moment devant nos yeux, mais qui, bien vite, s'envole ailleurs. Il nous faut de la volonté et de la vigilance pour maintenir cette conscience éveillée et ne pas la ré-enfouir dans les brumes de la facilité.

Mais cela vaut la peine, parce que c'est cette conscience honnête et rigoureuse qui nous rend adultes.

Poursuivons l'exploration de ces fonctionnements curieux qui pavent les routes de la communication.

Le monde est comme je crois qu'il est

Psychologiquement, il est plus simple de continuer à croire que le monde est comme nous croyons qu'il est plutôt que de découvrir que nous nous illusionnons. Le maintien de nos idées établies sur « la vie, les gens et comment le monde fonctionne » est plus facile que leur remise en question.

De quand datent nos convictions ? En grande partie, elles prennent racine dans l'enfance ou durant notre jeunesse, au sein du milieu social qui nous a vus grandir et qui a forgé nos croyances et nos certitudes.

Françoise a été une petite fille triste, élevée par des parents éteints, un peu dépressifs, qui travaillaient beaucoup et ne s'aimaient pas. Ils n'étaient pas violents, subvenaient aux besoins matériels de leur enfant, mais ne s'intéressaient pas véritablement à sa vie, ne l'écoutaient que d'une oreille distraite et ne jouaient jamais avec elle. Elle se sentait encombrante et inintéressante. Sans encouragements, elle ne réussissait pas bien à l'école, malgré ses efforts, et donnait donc raison à ses parents qui affirmaient qu'elle était bête et qu'elle n'arriverait jamais à rien.

Aujourd'hui, elle exerce un métier de routine, assez en dessous de son potentiel et s'ennuie avec un mari qui ne l'aime pas. Mais elle ne vaut pas mieux, pense-t-elle.

Ses parents avaient raison, elle ne fait rien de bon. De toute façon, la vie est comme ça, ils l'ont démontré durant des dizaines d'années, avec autant d'inconscience que d'acharnement. Et elle n'est pas assez intelligente pour y remédier dans sa propre existence. Il lui est plus simple de persister à le croire que de reconnaître que ses parents étaient eux-mêmes très limités et psychiquement destructeurs ! Quel vertige ! Cela signifierait de les faire descendre de leur pauvre piédestal et d'accepter de voir qu'ils l'ont trompée à longueur d'année. Et qu'elle leur donne raison, encore aujourd'hui, alors qu'ils sont six pieds sous terre.

> Vivre autrement ? À quoi bon ? Le monde est comme il est, rien ne sert de vouloir en changer.

La plupart de nos fonctionnements inconscients se mettent en place durant la prime enfance. Plus ils sont précoces, moins ils sont conscients. Selon les circonstances de notre vie, avec notre petite jugeote d'enfant, nous interprétons ce qui nous arrive et nous en tirons des conclusions. Par exemple, un enfant un peu timide peut comprendre que, pour avoir la paix, il vaut mieux faire ce que les autres décident. Ce genre de conclusion peut rester sa norme toute la vie. Un autre, peut-être un peu plus vigoureux, va conclure que, pour exister, il faut s'imposer, sans quoi on est écrasé. Ce fonctionnement persiste encore chez des adultes qui ne le nuancent plus. C'est comme ça, un point c'est tout. Cette croyance est tellement intégrée à leur personnalité qu'elle en constitue un pilier. Ce trait de caractère paraît immuable, mais il ne l'est pas. Si un individu mesure combien cette manière d'agir figée lui fait du tort, il peut la mettre en question et apprendre à moduler ses comportements. Mais il est vrai que la transformation de nos mécanismes inconscients est longue et difficile. Elle remet tout l'édifice en question. Et souvent, cela nous semble hors de portée.

Plus tard, au cours de notre croissance, nous avons accès à une capacité de verbalisation plus grande et donc à une analyse plus consciente de ce qui nous arrive. La remise en question des comportements qui ont pris naissance durant la jeunesse ou l'âge adulte est un peu plus accessible.

Par exemple, lorsque nous étions adolescents, nous avons commencé à comprendre ce qu'il convenait de faire ou de dire pour nous sentir appréciés et intégrés au groupe. Les copains, plus âgés ou plus dégourdis, imposaient la tendance et nous tâchions de nous y adapter, quitte à taire nos opinions personnelles et à en manifester de plus consensuelles. Les autres nous impressionnaient parfois, ils nous donnaient l'impression de savoir, alors que nous nous sentions mal à l'aise.

Toutes les adolescences ne se ressemblent pas, mais c'est une période où l'importance des relations est à son comble. Les ados réfléchissent mais n'ont pas encore le recul, l'expérience et la maturité des adultes. Beaucoup d'idées conscientes mais simplistes sur les fonctionnements humains prennent racine durant cette période. Elles s'étofferont et se nuanceront si l'émulation intellectuelle liée à un développement intelligent le leur permet. Une famille où l'on se parle avec respect, un environnement large d'esprit, des études qui stimulent la rigueur et la remise en question y contribuent, évidemment.

Nos convictions se sont parfois aussi forgées au cours d'une période où nous vivions des circonstances particulières, qui n'ont plus cours actuellement : une maladie grave, un divorce parental difficile, une déconfiture financière de la famille... Aujourd'hui, la vision du monde qui en a découlé est installée et imprègne nos comportements. Qui plus est, elle génère même des fonctionnements qui la confirment.

Cette étonnante torsion de la vérité, ce mécanisme qui crée ce que nous voulons croire, nous le voyons parfois chez autrui. Par exemple, lorsque quelqu'un dit : « Les gens sont hypocrites ! », nous sentons que cela lui convient de le penser. Il ne prend pas en compte ce que tout le monde sait : il n'est pas facile de dire les vérités en face. Il peut ainsi continuer à en vouloir à la terre entière, plutôt que de prendre conscience de la manière dont il coince les gens ou dont il les impressionne, et ces derniers finissent par approuver ce qu'ils désapprouvent, ou taisent ce qu'ils pensent réellement pour avoir la paix. Après quoi, il n'est pas difficile d'y voir de l'hypocrisie !

D'une certaine manière, nous faisons tous la même chose. Nous voyons ce que nous voulons voir. Nous croyons ce qui nous convient. Émettre une généralité sur une personne, ou sur « les gens », nous permet de définir notre environnement de façon à expliquer ce que nous ressentons. Nous affirmons que telle personne est comme ceci, ou que les gens sont comme cela, ce qui évacue les nuances et la diversité de la réalité. Nous réécrivons l'histoire de manière à ce qu'elle coïncide avec nos convictions, et ainsi nous évitons de nous interroger sur les raisons de cette vision du monde, sur la façon dont elle nous arrange ou nous pourrit la vie, et la manière dont nous la recréons en la réaffirmant régulièrement et en agissant de façon à qu'elle se maintienne.

LES PROPHÉTIES AUTORÉALISATRICES

Les prophéties autoréalisatrices sont des convictions qui induisent des comportements qui vont les valider : nous provoquons ce que nous craignons.

Elles sont sous-tendues par des croyances émotionnelles, parfois bien inconscientes, qui dégagent des attitudes qui les confirment. Et empêchent la remise en question.

Si nous sommes persuadés, par exemple, que nous ne valons rien et qu'en conséquence personne ne peut nous porter de véritable intérêt, nous risquons de mettre inconsciemment en place des comportements méfiants si un individu s'intéresse à nous : nous ne pouvons y croire, cette amitié ne peut être qu'intéressée, il doit bien y avoir une intention malveillante. La même conviction peut générer des comportements inverses : nous mettons le grappin sur la personne, nous l'envahissons, nous ne la lâchons plus, tellement nous avons peur qu'elle se rende compte que nous ne valons rien et qu'elle nous quitte. Que nous installions une barrière de suspicion ou un filet étouffant, finalement nous obtenons la preuve de ce que nous croyons : les gens s'éloignent, personne ne nous aime vraiment.

Dans un autre registre, si on est convaincu que « les jours sont trop courts », sans vraiment réfléchir à la bêtise de cette assertion, on maintient en pilotage automatique un train de vie qui entretient cette plainte, comme si elle était inévitable. Maintenir la plainte semble plus nécessaire que de remettre son rythme de vie en question.

Cependant, il est heureux de constater que le mécanisme fonctionne aussi dans un sens très positif : si nous sommes convaincus d'être aimés où que nous allions, même à l'improviste, nous arrivons chez les gens avec une décontraction et une bonne humeur telles que les portes s'ouvrent, les sourires accueillent, les copains se rendent disponibles et ajoutent un couvert, quelle que soit l'heure. La conviction d'être bienvenu se renforce au fil des expériences. Ça vaut la peine d'essayer, non ?

Ce mécanisme est très important, mais difficile à percevoir chez soi-même. Lorsque nous l'observons chez autrui, il est aisé de comprendre que telle personne préfère définir les choses à sa manière, et qu'ainsi elle esquive la remise en question et la prise de conscience de sa part de responsabilité dans ce qui lui arrive.

Mais n'agissons-nous pas tous ainsi ? Ne nous arrive-t-il pas d'accuser les autres pour éviter de nous regarder en face ? Ne sommes-nous pas tentés, de temps à autre, de reconfigurer l'histoire d'une manière qui nous convient mieux ?

L'attachement à notre propre vision crée, entre autres choses, un écart important entre l'intention qui nous anime et les conséquences de nos paroles et de nos actes. Nous allons voir comment.

L'enfer et ses bonnes intentions

« C'est l'intention qui compte », affirme le dicton. Rien n'est moins sûr...

Notons que cette phrase est souvent utilisée dans un contexte particulier : lorsque quelqu'un s'est trompé ou a été maladroit, malgré son souci de bien faire, en choisissant un cadeau, par exemple, ou en essayant de se rendre utile. L'interlocuteur, bienveillant, tâche d'atténuer la gêne. C'est une gentille manière de valoriser le geste au détriment de son objet qui, somme toute, n'a pas toujours grande importance.

Mais en général, nous jugeons les gens sur leurs actes, et non sur l'intention qui les anime, d'autant que nous ne la percevons pas toujours. Ce que dénonce cet autre dicton, plus cynique il est vrai : « L'enfer est pavé de bonnes intentions. »

Connaissez-vous des personnes, bien intentionnées, qui vous donnent des conseils inutiles ou vous abreuvent de leurs avis non sollicités ? Elles pensent probablement bien faire, se sentent peut-être utiles, mais leur sollicitude envahissante peut devenir assez énervante.

> Valérie est une femme aimante et chaleureuse, mais impulsive et véhémente. Elle réfléchit tout haut, saoule son entourage d'un bavardage futile et s'exprime à tout propos avant même d'avoir bien compris la situation. Son besoin d'exister la pousse à se mêler de chaque conversation, au point d'en déposséder l'initiateur, à qui elle vole la vedette sans grande conscience. Elle interrompt à tour de bras, donne son avis sur tout et sur rien, termine les phrases de ses interlocuteurs... Bref, elle les énerve ! Mais elle est joyeuse et généreuse, prompte à mettre la main à la pâte et sa table est toujours ouverte et bien garnie, alors chacun tâche de s'accommoder de son caractère envahissant. Sauf ses enfants, qui lui racontent de moins en moins leur vie et la rejettent régulièrement, excédés par sa personnalité intrusive, sans véritablement être capables d'expliquer ce qu'ils lui reprochent, parce qu'elle est si gentille, tout le monde le dit, et qu'ils ont encore souvent besoin d'elle.
>
> L'entourage de Valérie comprend bien que « c'est l'intention qui compte » et, à faible dose, les conséquences de son caractère sont digestes, mais pour

ses enfants, les intentions de leur mère importent peu. Ce qu'ils ne peuvent plus supporter, ce sont ses interventions intempestives, c'est-à-dire ce que ses « bonnes intentions » génèrent.

Pourquoi continue-t-elle, alors qu'elle voit bien qu'elle est énervante ? Est-ce son intention ? Ne devrait-elle pas tirer des leçons de la dégradation de ses relations avec ses enfants ? C'est sa manière d'aimer, leur répond-elle. Elle se sent blessée par leurs réactions à sa générosité affectueuse et les trouve vraiment très susceptibles...

Pourquoi dit-on que l'enfer est pavé de bonnes intentions ? C'est assez paradoxal, non ? En toute logique, ce devrait être de mauvaises intentions qui y mènent, et non les bonnes !

Si tout était simple, la logique voudrait qu'une intention A génère une action A destinée à produire un résultat A.

Par exemple :
- J'ai envie d'aider mon ami à se sentir mieux (= intention A).
- Alors je lui dis que je comprends son inquiétude et je le rassure (= action A).
- Il se sent mieux et s'endort paisiblement (= résultat A).

Tout va bien. Apparemment, mon action A a atteint son but A.

Plusieurs actions de type A auraient probablement pu faire l'affaire.

Pour simplifier, je fais également l'hypothèse que le résultat A que j'observe est juste. Dans cet exemple, je postule que mon ami exprime bien ce qu'il vit. Ce n'est pas toujours le cas : je peux imaginer qu'il fait un peu semblant pour me faire plaisir, et qu'ensuite il ne se sentira pas vraiment mieux. Tout cela est possible, mais ici, je fais l'hypothèse qu'il manifeste bien ce qu'il ressent.

Si j'observe, en revanche, que mon intention A (j'ai envie d'aider mon ami à se sentir mieux) génère un résultat B (il se sent humilié et boude), je dois m'interroger sur deux points :

- Premièrement, pourquoi mon intention n'atteint-elle pas son but ? Est-ce parce que mon interlocuteur est de mauvaise volonté ou parce que mon action est inappropriée ? Qui est responsable de l'échec, lui ou moi ?

- La seconde question est plus difficile parce qu'elle touche à des fonctionnements peu conscients : n'aurais-je pas une éventuelle intention B cachée, moins « politiquement correcte », qui agit en sourdine derrière l'intention A ? Une intention qui émergerait de ma zone d'ombre et qui se traduirait par une action B (pour « l'aider », je montre à mon ami combien il a tort, par exemple), ce qui crée une réaction B (il boude). Et après, je peux me plaindre de sa réaction puisque j'ai (soi-disant) essayé de l'aider. Je ne comprends pas sa réaction (me dis-je) et je peux l'accuser de mauvaise volonté. Si je me défends d'avoir une telle intention et que j'attribue l'échec de ma tentative à sa susceptibilité, non seulement je n'apprends rien sur moi-même, mais je peux continuer à l'accuser de quelque chose dont il n'est pas vraiment responsable. Et probablement qu'à la prochaine occasion, ma maladresse se reproduira. Parce que peut-être que ça m'arrange… C'est tellement plus facile d'accuser les autres !

Il convient donc, avant de s'exprimer, de réfléchir honnêtement au but réellement poursuivi, de mettre en œuvre les mots qui permettent de l'atteindre, de vérifier si on y arrive et d'en tirer les conclusions qui s'imposent. Eh oui ! Bien communiquer, c'est un sacré boulot !

Cet exercice ferait du bien à de nombreuses personnes. Je pense notamment à tous ces parents qui ont adopté un système éducatif dévalorisant. Lorsqu'ils les traitent de bons à rien, ils pensent stimuler leurs enfants afin qu'ils se dépassent. Ils ont sans doute été éduqués comme cela eux-mêmes, et une partie d'entre eux, incapables de remettre la tradition familiale en question, pensent réellement bien faire. Ils ne réfléchissent pas plus loin que le bout de leurs petites certitudes et reproduisent jusqu'à l'écœurement un procédé qui entretient à jamais le manque de confiance en soi.

D'autres sont conscients de leurs excès, mais les perpétuent avec une forme de sadisme routinier qui dénote leur impuissance, ou leur refus de donner à leur progéniture le cadre généreux et constructif dont ils ont été privés.

Que leurs capacités de réflexion aient été rabotées par l'abrutissement au cours de leur propre enfance, nous pouvons le comprendre. Mais poser les yeux sur ce que l'on crée et ouvrir les oreilles à ce que l'on nous dit pourraient, devraient aider à corriger, pas à pas, nos comportements tordus.

Les personnes pétries de bonnes intentions évacuent cette réflexion. Elles semblent sourdes aux *feed-back* qu'on leur envoie, comme la mère intrusive de l'exemple évoqué plus haut. Si l'affection que nous leur portons domine les désagréments de leurs attitudes bien intentionnées, tournons la page et acceptons l'imperfection de l'être humain, des autres comme de nous-mêmes. Mais nous pouvons aussi dire à celui ou celle qui nous envahit, nous blesse ou nous manque de respect, que même si ses intentions sont louables, cette manière d'agir nous gêne et que nous souhaiterions qu'elle cesse.

Si nous nous sentons déconsidérés, c'est à nous de nous faire respecter.

> Souvent, en consultation, nous entendons des personnes affligées se plaindre de la maladresse des réactions de leurs amis, à l'occasion d'un deuil. Bien sûr, derrière les phrases inadéquates, l'endeuillé, s'il en est émotionnellement capable, perçoit de généreuses intentions, mais il est tellement affecté par sa propre souffrance qu'il lui est difficile, voire impossible de lire entre les lignes.
>
> La mort accidentelle d'une adolescente m'a fait voir le pire et le meilleur, et ravive, si besoin en était encore,

mes réflexions sur le rôle de l'éducation dans la perte du langage du cœur.

Commençons par le pire. La jeune fille oscille depuis vingt-quatre heures entre la vie et la mort en soins intensifs lorsque sa tension chute suite à une forte hémorragie interne. Après une heure d'efforts en salle d'opération, le médecin et une infirmière viennent annoncer aux parents effondrés le décès de leur enfant. Moment ô combien douloureux, atrocement difficile et qui nécessiterait une grande délicatesse, une présence discrète et aidante, un accueil sincère de l'émotion de chacun. Le médecin se débrouille honnêtement, sans chaleur mais avec respect, mais l'infirmière, cherchant sans aucun doute à expliquer à la famille que, dans l'état où se trouvait la patiente, elle n'aurait jamais pu survivre sans séquelles graves, rajoute : « Madame, tout était cassé... » La brutalité de cette phrase, même chargée des meilleures intentions, hante les parents comme une blessure infinie.

Le meilleur maintenant. Le meilleur est venu des enfants. Des enfants de 8 et 9 ans, compagnons de classe de la petite sœur de la jeune fille décédée, qui ont réagi de la manière la plus merveilleuse qui soit. En écrivant des lettres belles et tristes à déposer sur la tombe, pliées en forme de bateau, d'avion, pour qu'elles l'accompagnent dans la mort. Puis, en créant tous ensemble pour leur amie une grande lettre colorée, pleines de cœurs et d'arc-en-ciel, traduisant avec leurs mots les pensées les plus amicales : « Pleure si tu dois, on pense à toi toutes les secondes, n'aie pas peur, je suis triste avec toi. » J'ai été bouleversée en lisant ces phrases si attendrissantes et en apprenant que les petits s'étaient exprimés d'eux-mêmes, sans l'intervention d'aucun adulte.

Les enfants ont été simplement gentils, sans filtre, ce que les adultes n'arrivent plus toujours à faire, encombrés par les convenances, la peur du ridicule ou la crainte de montrer leurs propres émotions.

Exprimons en confiance la voix du cœur qui chuchote en nous, mais que les années ont fini par museler. Si toutes les pensées chaleureuses que nous gardons enfermées arrivaient à leur destinataire, avec respect, en prenant soin de nous-mêmes et de l'autre, les moments pénibles de notre existence seraient un peu plus doux.

Apprendre à s'écouter soi-même

Vous l'aurez compris, pour bien communiquer, il faut apprendre à voir clair en soi. Il faut mettre autant de soin à s'écouter soi-même qu'à écouter les autres. Or, beaucoup d'adultes ne l'ont pas appris lorsqu'ils étaient enfants et, aujourd'hui, ils ne se comprennent pas eux-mêmes. Bien au contraire, dans certaines familles, s'écouter soi-même est considéré comme une perte de temps.

Lorsque vous étiez enfant, peut-être vous a-t-on dit :

– Arrête de te poser toutes ces questions et avance.
– Cesse de te regarder le nombril, il y a pire ailleurs.
– Écoute-toi un peu moins et agis un peu plus.
– Je n'ai pas le temps...
– Tais-toi !

Ces quelques injonctions, comme des dizaines d'autres, n'encouragent pas l'expression de son vécu. Même lorsqu'elles revêtent un caractère plus affectueux, elles disent la même chose :

– Ne t'en fais pas, ça va s'arranger.
– Ça arrive à tout le monde.
– Ce n'est pas grave, ne pleure pas...
Silence...
– Allez, viens, et pense à autre chose...

C'est peut-être bien intentionné, mais ce n'est pas de l'écoute. L'enfant reste seul avec ses interrogations, ses émotions confuses et son désarroi. Il en conclut que se poser des questions sur lui-même est inadéquat, encombrant, inutile ou un signe de faiblesse. Il n'entend pas ses parents s'interroger sur leurs propres fonctionnements, suppose donc qu'ils n'en ont pas besoin. Il ne participe à aucune discussion qui ferait place au questionnement intérieur et, en conséquence, ne s'y entraîne pas et n'en éprouve pas la richesse. Plus tard, il ira grossir les rangs des gens coupés de leur personnalité profonde, qui vivent comme ils croient devoir vivre, mais pas en accord avec eux-mêmes. C'est dommage, mais c'est fréquent.

Reconnaître nos émotions, choisir ou non de les exprimer

Les émotions colorent nos mots. Éléments constitutifs de notre expression non verbale, elles donnent du sens à nos phrases. Si je dis, par exemple « Ça me dépasse » sans aucune indication émotionnelle, vous ne pouvez pas comprendre si je m'en amuse, si je me sens choquée, ou étonnée, ou dépassée par les événements, profondément déçue ou toute petite, vieillissante, larguée, etc. C'est le ton de ma voix et l'expression qui confèrent un sens à ma phrase, en dehors du contexte. C'est un exercice d'acteur de jouer à exprimer la même phrase avec des mimiques et des intonations variées, pour qu'elle prenne chaque fois une signification différente. Sans ce support non verbal, la phrase est atone et dépourvue d'une large partie de son sens.

Nos années d'enfance, qui ont construit les bases de l'adulte que nous sommes aujourd'hui, ont généré un bouillonnement de questions sur nous-mêmes, sur nos émotions et nos comportements. C'est une grande chance d'avoir eu des parents, ou d'autres grandes personnes bienveillantes, avec qui en parler afin d'apprendre à décoder notre grammaire émotionnelle.

Pêle-mêle, voici une brassée de questions :

- Qu'est-ce que je ressens ?
- Quelles sont les émotions qui m'habitent ?
- Qu'est-ce que j'en pense ?
- Qu'est-ce qui m'émeut autant ?
- Qu'est-ce qui me met en colère comme ça ?
- Ai-je intérêt à exprimer mon émotion ? Ou à la taire ?
- Pourquoi me dit-il ceci ?
- Pourquoi est-ce que je réponds cela ?
- Pourquoi telle chose m'arrive ?

- Est-ce que cela arrive aux autres aussi ?
- Comment réagissent-ils ?
- Comment m'y prendre pour bien me faire comprendre ?
- Qu'est-ce qui se passe quand je réplique sur ce ton ?
- Qu'est-ce que je vise ?
- Qu'est-ce que je veux vraiment ?
- Est-ce que j'atteins mon objectif ?
- Qu'est-ce qui m'empêche d'exprimer ce que je pense ?
- Est-ce que je me sens respecté ?
- Est-ce que j'arrive à respecter l'autre ?
- Que dire pour apaiser le jeu ?
- Quelle est ma part de responsabilité dans ce fiasco ?
- Etc., etc.

De nombreux adultes sont encore bien en peine avec ces interrogations. Lorsque je leur demande : « Qu'est-ce que vous ressentez ? », certains sont incapables de répondre. Ils disent ce qu'ils pensent, ou ce qu'ils veulent, ou ce qu'ils croient devoir me dire, mais n'arrivent pas à exprimer ce qu'ils ressentent réellement. Or, c'est une question de base. Non parce qu'elle est simple, mais parce qu'elle fait appel à nos sens. Ces sens qui devraient nous renseigner sur nos émotions, sur ce que nous ressentons. Nos émotions s'écrivent dans notre corps et nous les décodons avec nos sens. Notre corps est notre baromètre, dès le premier jour de notre vie. Il sent, perçoit et exprime.

Avec de petites variations individuelles, globalement, nous ressentons la peur dans le ventre et sur notre peau. La colère s'imprime dans la mâchoire, les épaules,

les muscles. La tristesse nous serre la gorge, la bouche tremble, les yeux pleurent. Nous ressentons la joie dans notre cœur et un peu partout… Nous sommes censés apprendre à mettre des mots sur ces sensations corporelles et à les comprendre comme on lit un répertoire émotionnel. Or, notre éducation nous a parfois coupés de ce décryptage. Et si nous n'avons pas appris, nous sommes démunis. Nous savons ce que nous devrions ressentir, mais nous ne le ressentons pas vraiment. Ou, à l'inverse, ce que nous éprouvons est puissant, mais confus. Nous sommes embrouillés et donc nous mettons le couvercle sur ce magma indéchiffrable afin qu'il cesse de nous tourmenter. Mais quelquefois l'émotion déborde. Elle jaillit sans retenue, comme un geyser sous pression. Cela soulage mais cela fait des dégâts !

Colère et violence

La colère est l'émotion la plus difficile à contrôler en situation d'opposition ou de conflit. Elle transforme irrémédiablement la discussion en dispute.

Pour certaines personnes, rien de tel qu'une bonne empoignade ! Suivie, le cas échéant, d'une bonne réconciliation… Mais pour d'autres, les séquelles d'une dispute sont ineffaçables.

Cette mauvaise gestion de la colère relève du fait qu'elle n'est pas bien gérée durant nos années d'apprentissage de la vie, l'enfance. L'éducation que nous avons reçue est très variable selon les milieux et les familles mais, globalement, on observe deux excès : soit une colère réprimée, soit une colère débridée. Jadis, la règle était plutôt de ne pas exprimer de colère, d'apprendre à la contrôler totalement. Les enfants ayant été éduqués de la sorte refoulaient leur frustration, même si elle leur paraissait légitime, au point de ne plus s'autoriser à la ressentir. C'était une émotion non admise, interdite et mauvaise.

S'ils se mettaient en colère, les parents les punissaient en les envoyant au coin, à la cave ou dans leur chambre. Pour les gamins, cela signifiait que l'expression d'une frustration légitime était sanctionnée par le rejet.

À l'âge adulte, n'ayant pas l'habitude de gérer l'expression de leur colère à sa juste mesure, ils ne savent qu'en faire et, comme précédemment, ils la refoulent. Ils ont peur du conflit, craignent de perdre le contrôle, de faire trop mal à autrui ou d'être rejetés.

Les adultes qui, à l'inverse, ont eu toute liberté dans leur expression colérique infantile, sans limite et sans éducation sociale, n'ont pas appris à contrôler leur émotion, à la moduler pour arriver à l'exprimer d'une manière socialement admise et sans excès. Lorsque le monde ne tourne pas comme ils l'entendent, ils explosent. Cela les libère, mais écrase leur interlocuteur si celui-ci n'est pas capable d'y faire face, se sentant anéanti et n'osant riposter de crainte de mettre de l'huile sur le feu. Cela impose, consciemment ou non, un régime de peur et de domination par la menace d'un emportement vécu comme agressif. C'est une forme de terrorisme relationnel.

Pour éviter ces deux excès, relativement fréquents, nous devrions, au sein de nos relations et dans l'éducation de nos enfants, développer une gestion verbalisée de la colère, qui autorise une expression colérique modulée par la parole. Dire sa colère permet de la contrôler quelque peu. Et parfois même fort bien.

Mais d'autres influences sous-jacentes biaisent encore la communication : les grandes tendances de notre caractère.

Quelle est ma nature ?

Nous ne sommes pas semblables et nous avons des manières fort différentes de percevoir la réalité et d'y réagir.

Primaire ou secondaire ?

Certaines personnes ont un sens de la repartie impressionnant. Elles peuvent saisir des propos à chaud et riposter du tac au tac. Leur réaction est immédiate, spontanée et parfois impulsive. Cette rapidité leur est naturelle, elles n'y réfléchissent pas. Cette réaction dite primaire[2] a autant d'avantages que d'inconvénients.

Le versant positif est une grande faculté à occuper l'espace de discussion. Les personnalités primaires ne se laissent pas impressionner, elles imposent leurs idées et mènent la danse. Elles font preuve d'une grande vivacité et possèdent un humour spontané. Elles donnent une impression de confiance en elles. À tort quelquefois, parce que cette impulsivité est le témoin d'une forme de

2. « Primaire » ne doit pas être entendu dans le sens de limité, primitif ou grossier, mais plutôt comme premier, immédiat ou dominant.

crainte inconsciente de ne pas exister. En caricaturant quelque peu : plutôt dire n'importe quoi que ne rien dire. Elles réagissent à chaud et expriment alors une pensée brute, qui manque de recul et d'analyse, et souffrent en retour des ripostes parfois exaspérées de ceux qui essayent de poursuivre une conversation approfondie et nuancée : c'est le versant négatif de ce trait de caractère.

Exprimer une pensée élaborée et aboutie, c'est le fort des personnalités dites secondaires, qui mûrissent leurs interventions en « tournant sept fois la langue dans leur bouche » avant de se manifester. Au risque de ne rien dire, finalement. Parce qu'elles ne s'expriment que lorsqu'elles sont assurées de maîtriser leurs propos. Or, la conversation spontanée est rapide et le sujet évolue parfois avant qu'elles ne se décident à intervenir. Elles ne jugent pas nécessaire de se précipiter, et restent donc souvent en dehors des débats animés.

Avec le temps, elles ont davantage tendance à garder leurs pensées pour elles, à ne pas trouver le moment ni la manière d'exprimer leurs préoccupations, et en conséquence elles ont une propension à ressasser leurs problèmes et à ruminer. Elles tournent et retournent leurs soucis en solitaire et se tourmentent, parfois bien inutilement.

En revanche, lorsqu'elles parlent, on les écoute. Leurs propos sont plus rares, mais souvent intelligents, réfléchis et sensés.

Ce sont deux formes de personnalité qui se manifestent bien différemment dans le cadre des discussions conflictuelles et il n'est pas mauvais de comprendre comment nous fonctionnons et comment réagit notre interlocuteur. Le dialogue sera, on s'en doute, bien différent selon la nature des protagonistes.

Alors, quelle est votre nature ? Privilégiez-vous l'impulsion ou la réflexion ? L'expression spontanée ou la réserve ? Un peu des deux ne serait pas mauvais, non ?

Culpabilisation, accusation...

Nous n'appréhendons pas tous la notion de faute de la même manière. Notre sens de la culpabilité est une autre grande différence de caractère qui va influencer nos positions dans la communication.

Certaines personnes ont une propension à se sentir toujours coupables, même lorsqu'elles n'ont objectivement rien fait de mal. Ce n'est pas une réaction rationnelle, c'est plus fort qu'elles, elles se culpabilisent automatiquement. Dès que quelque chose dérape, que quelqu'un s'énerve ou qu'une situation s'envenime, elles s'en veulent. Elles se sentent coupables de tout et de rien, sans avoir véritablement analysé les responsabilités souvent partagées dans les difficultés interpersonnelles.

La culpabilité permanente est générée par un manque diffus de confiance en soi qui provient de l'enfance. Pour diverses raisons, la personnalité s'est bâtie sur un socle fragile, sur une estime personnelle incertaine. Ensuite, la vie n'a pas apporté suffisamment d'ingrédients heureux et solides qui auraient pu effacer ces premières traces, et l'individu chemine avec sa conviction de base :

il n'est pas capable, il ne vaut pas grand-chose, il est responsable des dégâts, encombrant, inintéressant, maladroit et donc coupable. Malheureusement, s'il en est convaincu, il lui est facile de filtrer ou de mettre en scène ce qui le convaincra de la véracité de sa triste croyance. Il est coupable. De quoi exactement ? Il n'en sait rien, mais il le sent. Depuis toujours.

La culpabilité permanente et le manque d'estime personnelle s'accompagnent quelquefois du besoin impérieux de réparer des blessures imaginaires, ce qui favorise des attitudes de sauveur. L'individu vole au secours de celui qu'il croit avoir lésé, il intervient sans beaucoup de réflexion, il panse des plaies qui n'existent que dans son imagination. Le besoin d'aider, généreux et salutaire lorsqu'il est ajusté, devient ici envahissant.

La culpabilité risque aussi de générer un sentiment plus passif et malheureux : l'impression d'être toujours victime. Comme si le sort s'acharnait sur lui, l'individu qui se « victimise » pense n'avoir aucun pouvoir sur les situations qui l'oppressent, il se résigne sans lutter, subit sa vie plus qu'il ne la gouverne et souffre en conséquence.

D'autres réagissent de façon diamétralement opposée, sans que leur réaction soit pour autant plus fondée : ils attribuent d'office la faute aux autres. Ils se dégagent du poids de la culpabilité en rejetant torts et responsabilités sur autrui. Ils ne se mettent pas en cause, semblent incapables d'imaginer qu'ils pourraient avoir des torts, en tout ou en partie. Il leur arrive cependant d'exprimer une forme apparente de culpabilité, mais elle est alors tellement excessive que cette caricature ne reflète pas une pensée réfléchie, et cela se sent : « Bon, d'accord, j'ai tout faux ! » Ou : « Oui, je sais, je suis une mauvaise mère ! » On devine une forme de provocation dans ce genre d'auto-accusation, qui appelle une réponse rassurante : « Mais non, ce n'est pas ce que j'ai voulu dire... » Et l'autre réplique : « Avec toi, tout est toujours de ma faute ! » et ainsi de suite. C'est une manière efficace d'éviter d'aborder véritablement le sujet et d'écouter ce que chacun aurait à en dire. Cela ne résout donc rien.

Lorsqu'une personne qui n'assume aucun tort rencontre un partenaire qui a une propension à se sentir coupable, les tendances de chacun se renforcent mutuellement. Plus le premier accuse et se dégage de ses responsabilités, plus l'autre se culpabilise et endosse les torts. Jusqu'au jour où cela lui sera insupportable.

Peut-on tout se dire ?

Une fois explorés les divers aspects du terrain dans lequel s'inscrivent nos messages, reste encore à examiner une question essentielle : le contenu. Que dire ? Que taire ? Vaut-il mieux affronter la vérité tout de go ou l'effleurer du bout des lèvres ? Pouvons-nous partager notre pensée sans risque ou est-il plus prudent de la filtrer ?

Il est évidemment impossible d'apporter une réponse définitive sur ce sujet, tout est question de personnalité, de contexte, de but à atteindre, d'éthique, etc. Mais y réfléchir est néanmoins indispensable et nous évitera quelques maladresses et autres regrets.

Les trois passoires de Socrate

Voici comment Socrate propose de procéder. Cette historiette pleine de bon sens met en scène le philosophe et un ami. Elle n'est probablement pas historiquement authentique, mais qu'importe, elle cerne bien l'intérêt d'avoir quelques filtres.

LES TROIS PASSOIRES DE SOCRATE

– Socrate, sais-tu ce que je viens d'apprendre sur ton ami ?
– Un instant, répond Socrate. Avant que tu ne me racontes tout cela, j'aimerais te faire passer un test rapide. Ce que tu as à me dire, l'as-tu fait passer par les trois passoires ?
– Les trois passoires ? Que veux-tu dire ?
– Avant de raconter toutes sortes de choses sur les autres, il est bon de prendre le temps de filtrer ce que l'on aimerait dire. C'est ce que j'appelle le test des trois passoires. La première passoire est celle de la vérité. As-tu vérifié si ce que tu veux me raconter est vrai ?
– Heu... Non, pas vraiment, je n'ai pas vu la chose moi-même, j'en ai seulement entendu parler.
– Très bien ! Tu ne sais donc pas si c'est la vérité. Voyons maintenant, essayons de filtrer autrement, en utilisant une deuxième passoire, celle de la bonté. Ce que tu veux m'apprendre sur mon ami, est-ce quelque chose de bien ?
– Ah non, au contraire ! J'ai entendu dire que ton ami avait très mal agi.
– Donc, tu veux me raconter de mauvaises choses sur lui et tu n'es pas sûr qu'elles soient vraies. Ce n'est pas très prometteur ! Mais

tu peux encore passer le test, car il reste une troisième passoire : celle de l'utilité. Est-il utile que tu m'apprennes ce que mon ami aurait fait ?

– Utile ? Non, pas vraiment, je ne crois pas que ce soit utile.

– Alors, si ce que tu as à me raconter n'est ni vrai, ni bien, ni utile, pourquoi vouloir me le dire ? Je ne veux rien savoir. De ton côté, tu ferais mieux d'oublier tout cela.

Ah, Socrate, puissions-nous t'entendre encore... Que de blessures vaines, de paroles nuisibles, d'énergie gaspillée et de conflits inutiles pourrions-nous éviter en écoutant ta sagesse ! Un brin d'autocritique et un chouia de remise en question feraient du bien à tout le monde.

Relisons les paroles de Socrate : avant de raconter toutes sortes de choses sur les autres... Certains individus, fans de « Radio-Vipère », sont passés maîtres dans l'art de broyer les réputations. D'autres mauvaises langues, moins venimeuses, passent une bonne partie de leur temps à parler d'autrui comme si elles se nourrissaient de leur vie, pas nécessairement pour dire du mal, mais juste pour commenter, faire des supputations, colporter en modifiant, en simplifiant, en édulcorant ou en tirant un véritable plaisir de l'effet produit en racontant un scoop !

On entend parfois des gens dire avec humeur : « Je n'aime pas qu'on parle de moi derrière mon dos ! » Ils ont raison, personne n'aime cela. Une partie de notre histoire se retrouve sur la place publique, elle nous échappe, elle est commentée par des personnes qui ne savent pas exactement de quoi elles parlent. Et lorsque des bribes nous en reviennent, elles ont subi quelques déformations et nous paraissent erronées, exagérées ou hors contexte. C'est comme cela qu'une réputation se construit ou se démolit et que les rumeurs se propagent. Notre vie privée devient publique. Par le caractère incontrôlable de l'ébruitement, cela peut devenir assez désagréable, même en dehors de toute médisance. Mais quand en plus la malveillance s'en mêle, elle peut détruire quelqu'un, rien qu'avec les mots...

Parler des uns et des autres fait partie des fonctionnements sociaux. Ces bavardages nourrissent les liens familiaux, amicaux et professionnels, mais nous pourrions décider de ne dire que ce qui fait du bien, par exemple. Et taire le reste. À quoi sert de médire ?

Socrate utilisait, dit-on, les passoires du vrai, du bon et de l'utile. En fonction du contexte et de notre expérience, nous pouvons décider des nôtres, selon notre sensibilité et notre éthique.

Par exemple :

- **La passoire ici et maintenant** : cessons de papoter d'autre chose que de ce qui est juste là, devant nous, *hic* et *nunc*. Restons centrés sur la personne avec qui nous parlons et sur nous-mêmes afin d'approfondir la relation. Partageons ce qui nous arrive ou ce qui est en train de se jouer aujourd'hui plutôt que de nous perdre en bavardages futiles. La vie se vit au présent.

- **La passoire positive** : arrêtons de médire et de râler, taisons ces paroles sombres, sinistres, aigries et inutiles qui ont pour effet d'alourdir l'atmosphère et de plomber le moral des troupes. Décidons de ne plus nous plaindre en vain de ce qui ne correspond pas à nos vœux, et que nous ne pouvons changer. Choisissons de ne laisser passer que des propos agréables, des compliments, des appréciations positives, de la bonne humeur. Félicitons chaque fois que nous sommes contents, notons un travail bien fait, un délai respecté, une idée intéressante. Semons de belles petites graines qui fleuriront au fil de la journée. C'est gratuit et ça fait un bien fou !

  Exprimer volontairement chaque jour au moins une petite phrase gentille à chaque personne que nous croisons est une bien agréable discipline ! Cela ne signifie pas que nous vivons au pays des Bisounours, mais simplement que nous choisissons de ne dire que ce qui fait du bien.

- **La passoire du futur** : choisissons de ne plus nous appesantir sur le passé. Ce qui est fait est fait. S'il n'y a aucune leçon intéressante à en tirer, en parler ne sert plus à rien. Cessons de lorgner dans le rétroviseur, regardons plutôt vers l'avant, dans le pare-brise ! Réfléchissons à ce qui se prépare, à nos envies, à nos projets, à toutes ces pages encore blanches que nous allons remplir de bonnes choses.

- **La passoire de la compétence** : ne colportons plus d'informations infondées. Trop de gens parlent de ce qu'ils ne maîtrisent pas et ne vérifient pas, ils se prononcent sur des sujets pour lesquels ils n'ont aucune compétence solide. Cette tendance est accentuée par la mode des « radios-trottoirs », occasion pour n'importe qui de s'exprimer sur n'importe quoi, sans recul, sans analyse et sans qualification. Pesons nos mots, et n'exprimons que ce dont nous sommes sûrs. Chassons les « on dit » et les « à peu près ». Privilégions une pensée réfléchie et documentée, dont nous connaissons la qualité des sources et que nous pouvons assumer sans frémir. Encourageons la fermeté intellectuelle, les arguments robustes et les recherches abouties.

- **La passoire du lien** : restons attentifs à l'attention que notre interlocuteur porte à nos paroles. Ne ressemblons pas à ces gens qui n'écoutent qu'eux-mêmes et poursuivent un monologue autocentré face à quelqu'un qui ne manifeste, à juste titre, aucun intérêt pour ce verbiage. Préférons les propos qui nous relient, l'attention de l'un envers l'autre, l'envie de se comprendre, d'être proches et intimes.

- **La passoire du but** : cessons de parler en tous sens. Réfléchissons au but que nous poursuivons lorsque nous nous exprimons. Pourquoi disons-nous cela, à cette personne précisément ? Et pourquoi de cette manière et pas d'une autre ? Quelle est notre intention et quel en est le résultat ? Avons-nous atteint notre cible ? Choisissons de ne dire que ce qui fait avancer la conversation dans le sens approprié.

Bien d'autres passoires peuvent vous servir à devenir meilleurs, à vous de le décider...

Le piège de la fusion

La très grande proximité, voire l'intimité, entre un enfant et ses parents, ou au sein d'un couple ou d'un duo de meilleur.e.s ami.e.s, invite à toutes les confidences. On est si proches et on s'aime tant qu'on peut tout se dire. Est-ce toujours une bonne chose ?

Seul le bébé fusionne un temps avec sa mère[3]. Faisant partie intégrante de son corps pendant la grossesse, il ne comprend pas d'emblée que ce n'est plus le cas après sa naissance. Il lui faudra quelques mois avant de bien comprendre qu'il est un individu différencié. Il ne fait pas partie du corps de sa mère.

Tout le travail de la croissance consiste, entre autres, à délier progressivement cette fusion, afin de s'autoriser une pensée propre et une autonomie physique et psychique. Un parent qui continue à fusionner émotionnellement avec son enfant qui grandit ne lui fait aucun bien. Il construit un prolongement de lui-même, un enfant qui va l'adorer comme on vénère une divinité, sans remise en question, sans capacité à se détacher. Un enfant dépendant, inapte à faire des choix autonomes sans craindre de décevoir le parent, un enfant

3. Ou avec celui ou celle qui s'y substitue, évidemment.

– et parfois un adulte – qui n'est finalement que le produit du désir parental. Un enfant conforme, qu'on forme pour qu'il nous plaise...

Être adulte psychologiquement, c'est être détaché (dans les deux sens du terme) de ce que nos parents pensent de ce que nous sommes et de ce que nous faisons. Qu'ils apprécient ou non nos choix, nous menons notre vie comme nous l'entendons, sans crainte et sans culpabilité à leur égard.

Cependant, même si, aujourd'hui, nous sommes adultes et avons gagné en autonomie – on peut l'espérer – nous avons tous été bébé ! Et nous gardons au fond de notre cœur un souvenir inconscient de cette période de fusion délicieuse et vitale, que nous n'avons de cesse de retrouver grâce à l'amour.

L'amour passionnel, par sa tournure douloureuse, traduit l'extrême besoin de fusion et le cruel constat de son impossibilité. Affamés, on se jette dans les bras l'un de l'autre avec avidité, et s'en arracher est un véritable supplice. On souffre alors d'un manque cruel qui nous pousse à surmonter toute difficulté et à étouffer toute réflexion rationnelle (l'amour, dans ce cas, est aveugle) pour nous replonger intensément dans le besoin de l'autre. Quitte à nous brûler les ailes.

Heureusement, lorsque l'amour est chaud et serein durant ces périodes de bonheur enchanté, nous nous délectons d'une proximité exquise et pacifique, qui crée l'impression délicieuse de fusionner avec l'être aimé, sans douleur et sans danger.

Pourquoi la fusion pourrait-elle devenir un piège ? Serait-elle dangereuse ?

Premièrement, aussi douce soit-elle, la fusion est une illusion. Nous ne fusionnons que dans notre imagination. Personne ne ressemble totalement à quelqu'un d'autre. Nous ne sommes jamais le clone d'autrui. Ni de corps ni d'esprit. Tout le monde a besoin d'air de temps à autre. Nous devons garder la liberté d'avoir une opinion personnelle, un esprit critique et un jugement singulier que nous pouvons exprimer sans crainte, même si cela brise le rêve charmant de la fusion.

Ensuite, si nous pensons fusionner, nous risquons de croire que nous sommes parfaitement compris, et c'est un piège. Nous ronronnons en toute confiance, dans une douce illusion de pensée commune. Nous n'avons pas besoin de préciser, nous ne doutons pas, nous ne contrarions pas, nous n'avons plus besoin de nous exprimer puisque nous nous comprenons à demi-mot et, en conséquence, nous ne vérifions pas. Et un jour, nous nous rendons compte que nous sommes sur des voies divergentes, que nous nous sommes illusionnés, et cela fait mal. Très mal. Nous reprochons alors au partenaire de ne plus être celui ou celle que nous avons aimé.e, alors qu'il n'a pas changé. Ce sont seulement nos yeux qui se sont ouverts. Enfin.

Et pour terminer, si nous fusionnons, nous pensons pouvoir tout dire. Il n'y a pas de secrets entre nous. Nous ne risquons pas de nous blesser mutuellement puisque nous pensons d'une seule voix. Nous ne pouvons pas nous heurter ou nous vexer puisque nous nous aimons de manière absolue, inconditionnellement. Un jour ou l'autre, cette confiance totale risque de générer une désillusion, une déception ou de sérieux malentendus.

L'amour ne rend pas devin. Même au sein d'une relation heureuse et complice, communiquer avec justesse et respect, avec attention et réflexion, constitue un ingrédient majeur pour une affection solide et durable.

Forts de l'exploration du terrain complexe sur lequel se déroulent nos communications, commençons par la première nécessité : apprendre à écouter.

Chapitre 2
ÉCOUTER

Écouter c'est quand on aime.
CHRISTIAN BOBIN

Écouter véritablement, c'est découvrir un univers singulier que nous ne connaissons pas. Une manière de dire à l'autre : « Viens, je m'ouvre à toi, je suis disponible et j'ai envie de connaître ta vision du monde qui est, par essence même, différente de la mienne. J'aimerais comprendre ce que tu penses et ce que tu vis. »

Cet accueil nécessite de laisser tout *a priori* sur le côté et de démarrer sur une page blanche. Souvent, nous avons déjà des idées, des impressions et des émotions qui constituent un préalable, c'est normal. Reconnaissons-les, pour les contrôler plus facilement et en dégager le terrain. Faisons table rase, calmement, et allons à la rencontre de l'autre.

Évacuons également toute envie de nous exprimer en même temps que l'autre, pour éviter de mener deux monologues parallèles. Comme sur une route à deux bandes, chacun poursuit alors son chemin sans prendre le temps d'appréhender la logique du partenaire, ni la façon dont il ressent les événements. Même si nous avons tous les deux envie de parler, l'écoute est bien meilleure si elle s'exerce alternativement.

Évitons encore de ramener les choses à nous. Freinons nos envies d'évoquer un souvenir similaire à celui qui nous est raconté, une opinion qui nous passe par la tête ou quoi que ce soit qui nous permettrait de tirer la couverture à nous... Cela viendra. Plus tard. Pour le moment, c'est au tour de l'autre. Parce que, pour écouter, il faut se taire ! Non seulement en paroles, mais aussi en pensées. Pour entendre vraiment ce qu'on nous dit, il faut cesser d'écouter ce qu'on va dire ! Seuls le silence et la concentration nous permettent de découvrir un cheminement qui n'est pas le nôtre.

Commençons par examiner les attitudes de notre partenaire qui nous empêchent de bien l'écouter. Nous verrons ensuite nos propres obstructions.

Comment notre interlocuteur mine nos capacités d'écoute

Certaines personnes sont difficiles à écouter. Elles nous énervent, nous ennuient ou nous blessent. Notre attention s'évade, nos oreilles se bouchent... Par quels processus créent-elles cette fermeture ?

Christian Bobin y répond à sa manière : « Il y a dans la vie des gens qui croient nécessaire, pour être entendus, d'adopter un ton sérieux, de prendre la voix de Dieu le Père. Ces gens-là sont à fuir. On ne peut décemment les écouter plus d'une minute, et d'ailleurs ils ne parlent pas : ils affirment. Ils donnent des leçons de morale, des cours de pédagogie, d'ennuyeuses leçons de maintien. Même quand ils disent vrai ils tuent la vérité de ce qu'ils disent. »[4]

Proférations, généralisations, exagérations...

Les gens qui imposent leur vision du monde comme vérité universelle sont souvent crispants. Peut-être fascinent-ils quelques esprits fragiles, en mal de maître à penser, mais la grande majorité des gens réfléchis n'apprécie pas qu'on leur dicte les lois de la vie.

Les donneurs de leçons s'expriment comme s'ils avaient tout compris et affirment leurs certitudes avec conviction, peu conscients que ce ne sont que les leurs. Ils confondent opinions et vérités et n'estiment pas nécessaire de vérifier leurs hypothèses ou de s'enrichir d'autres sources. Ils ne se rendent pas compte qu'ils ont, comme tout un chacun, filtré les informations et sélectionné les éléments qui leur convenaient. Ils généralisent à partir d'eux-mêmes, leur opinion est la seule qui vaille et ils estiment que leur expérience personnelle suffit à émettre des conclusions valables pour tous.

4. Bobin Christian, *Isabelle Bruges*, Folio 2820, Gallimard, 1996.

Leur arrogance les rend pénibles à écouter. Leur ton péremptoire et leur aplomb forment une sorte de cuirasse sans faille, qui empêche toute discussion.

La seule possibilité est l'approbation ou l'opposition. Cette dernière, pour se faire entendre, doit se manifester avec aussi peu de nuances que l'affirmation à laquelle elle répond. On assiste au choc frontal de deux points de vue opposés, sans concession. Deux plaidoiries qui cherchent à s'anéantir mutuellement. Chacun critique férocement la position de l'autre, souvent avec mépris. C'est royalement inefficace ! Les opinions sont figées et la relation en prend un coup.

Les excès de langage sont toujours préjudiciables. Ils ne permettent pas de cerner véritablement le sujet, et empêchent inévitablement la poursuite intelligente de la conversation.

> – Tu sais, j'aurais préféré que tu ne te mêles pas autant de cette histoire. Je comprends ton intention, mais ça a pris des proportions qui me dépassent.
> – Mais enfin ! J'ai voulu bien faire ! Tu peux le comprendre quand même !
> – Oui, je sais, mais je trouve que tu as empiété sur mon territoire. Il s'agit de ma vie privée, de mes décisions. Tu es allée un peu loin. Cela m'a mis dans une situation difficile vis-à-vis des autres.
> – C'est dingue ! Moi qui pensais que ça te ferait plaisir ! J'ai fait ça pour t'aider !
> – Je n'ai aucun doute là-dessus, et je sais bien que cela partait d'un bon sentiment, mais tu t'es emparée de

mon histoire. Tu as décidé à ma place. Tu m'es passée au-dessus de la tête...
– Bon ! Ben, si c'est comme ça, je ne me mêle plus de rien ! Faudra plus compter sur moi la prochaine fois !

On voit que la première personne essaye vainement de nuancer ses propos, elle ne condamne pas l'ensemble de ce que l'autre a fait, elle en comprend l'intention amicale, mais elle tâche d'exprimer l'intrusion vécue. L'interlocutrice, vexée, rejette en bloc et riposte avec des propos excessifs. Difficile de poursuivre un dialogue constructif dans ces circonstances.

Paroles, paroles...

Certaines personnes nous saoulent ! Elles émettent un flot de paroles ininterrompu, une véritable logorrhée. Elles semblent passionnées par ce qu'elles racontent et davantage animées du besoin de s'expliquer que sensibles à l'intérêt que nous portons à leur discours. Elles plaident, argumentent avec force détails. Leur désir est d'être comprises, mais elles ne sont pas dans le lien. En ne permettant pas un vrai dialogue, elles ne convainquent qu'elles-mêmes. Elles formulent les questions et les réponses, font mine de nous demander notre avis mais ne l'écoutent pas au-delà de quelques secondes, comme si nous n'avions que le loisir de les approuver.

Ce soliloque exalté est souvent le fait de personnes nerveuses, parfois anxieuses, aucunement malveillantes, mais dont l'équilibre semble dépendant du maintien de leurs convictions. Elles se noient dans une sorte de plaidoirie sans fin pour éviter d'entendre un point de vue qui risquerait d'ébranler leurs certitudes. Cette peur n'est pas vraiment consciente. Au contraire, si nous le leur faisons remarquer, elles s'en montrent véritablement embarrassées : « Non, non, non, bien sûr que ton avis m'intéresse ! Je ne te raconterais pas tout cela si je ne voulais pas avoir ton opinion ! » C'est ce qu'elles pensent honnêtement, sur un plan rationnel, mais quelques minutes plus tard, elles reprennent leur monologue frénétique et n'écoutent plus rien.

S'il nous arrive d'avoir envie de leur raconter quelque chose, parce que cela nous tient à cœur ou pour connaître leur point de vue sur une question au sujet de laquelle nous les estimons compétentes, elles écoutent un bref instant et interviennent rapidement, avant que nous ayons pu exposer entièrement ce qui nous amenait à les consulter. Ce n'est pas nécessairement antipathique, nous sentons bien qu'elles bouillonnent de l'envie de nous aider, mais elles ne nous aident pas. Parce qu'il n'y a pas de véritable rencontre. Sans une écoute attentive et ouverte, on ne peut découvrir l'univers de l'autre. Il est clair que ces personnes subissent la pression d'un mécanisme interne qui fonctionne automatiquement et échappe, en partie, à leur conscience.

D'autres personnes, tout aussi prolixes, ne sont pas animées de cette agitation interne, ni de cette nervosité. Elles bavardent, tout simplement. C'est comme si elles avaient mis le son sur leurs pensées. Elles disent tout et n'importe quoi, à tout moment. Elles commentent ce qu'elles voient, ce qui se passe, sans retenue. Elles ne semblent pas se préoccuper de savoir si nous sommes intéressés par leur papotage. Elles sont souvent d'humeur égale et dégagent une apparence de confiance en soi simple et naturelle, comme si les événements n'avaient pas de prise sur elles, et notre manque d'attention non plus. Elles poursuivent leur verbiage tranquillement, sans souci, que nous les écoutions ou non. Au téléphone, ce sont celles qui nous font déposer le combiné et poursuivre nos activités sans qu'elles ne s'en rendent compte !

Autant les premières ont un désir impérieux d'exister dans le regard de l'autre, autant celles-ci pensent que c'est naturellement le cas.

Mais au-delà de ces différences, les écouter est plutôt lassant. C'est dommage, parce qu'elles ont certainement des choses intéressantes à dire.

Où veut-il en venir ?

Écouter les gens confus n'est pas aisé non plus. Je ne parle pas des personnes dont la confusion est liée à la maladie ou à l'âge et qui ont plutôt besoin d'une écoute de type professionnel, mais des individus qui n'ont pas d'organisation de pensée. Ils semblent n'avoir aucun esprit de synthèse ni la capacité de résumer leur discours, de le structurer en se focalisant sur l'essentiel par exemple, ou en expliquant les événements dans un ordre chronologique.

Ces personnes passent d'un registre à l'autre, se perdent dans les détails, comme si tout avait la même importance et nécessitait le même traitement : elles mélangent le rationnel et l'émotionnel, elles mixent les faits réels avec leurs impressions personnelles, sans distinction. Nous ne comprenons pas le but qu'elles poursuivent, nous avons envie de leur dire : « Bon, venons-en au fait ! Arrête de tourner autour du pot ! Accouche ! Où veux-tu en venir ? » Parfois elles tentent de se concentrer, mais elles ont une pensée si embrouillée qu'elles n'y parviennent pas toujours. Et se sentir mises sous pression par l'impatience ou l'énervement de leur interlocuteur leur fait perdre pied encore davantage.

Ces personnes ont pourtant bien besoin d'être écoutées. Et avec de la patience, nous les aiderions à sortir progressivement de leur désordre. Parler avec quelqu'un qui n'interfère pas à tout moment les aide à poser leurs idées emmêlées bien à plat devant elles et à organiser progressivement leur monde intérieur. Seules, elles échouent à s'exprimer de façon cohérente.

Jouer sur les mots et changer de registre

Nous nous exprimons en passant d'un registre à l'autre, sans grande conscience. Nous mélangeons souvent le rationnel, l'émotionnel, le général et le personnel, le symbolique et le registre du droit. La plupart des gens ne s'en rendent pas compte. Par exemple :

> – Je trouve que tu as eu tort de prendre cette décision. Et maintenant, si tu as des problèmes, je crois que ce sera de ta faute.
> – Je suis sciée par ce que tu dis ! Tu es très blessant !
> – Excuse-moi, mais j'ai encore le droit de dire ce que je pense, il me semble !

Que se passe-t-il dans cet échange ? L'individu qui émet sa critique glisse d'un registre à l'autre. Dans un premier temps, il émet une opinion. Son interlocutrice, blessée, exprime son sentiment. Mais au lieu de l'entendre, le premier revendique le droit de dire ce qu'il veut. Il réagit comme si ce droit lui était ôté. Ce qui n'est évidemment pas le cas. La personne lésée ne se place pas sur le plan du droit à la liberté d'expression, elle dit simplement que ses critiques sont blessantes.

Ce glissement du registre émotionnel au registre du droit est fréquent. C'est une riposte habituelle de la part de celui qui ne peut assumer les conséquences de ses paroles et qui, pour s'en défendre, fait appel à son sacro-saint droit d'expression.

Le glissement de registre se manifeste également dans l'usage des mots. Ils ne prennent pas le même sens selon qu'on se situe sur un plan juridique, biologique, symbolique, spirituel ou sur quelque autre plan que ce soit.

Pour l'illustrer, me reviennent en mémoire des propos plusieurs fois entendus lors d'entretiens que j'ai eus dans un centre de planning familial, où mon travail consistait à écouter les femmes, et parfois aussi les hommes, qui venaient consulter à l'occasion d'une grossesse non désirée. Certains hommes, écrasés par ce qui leur arrivait, se disaient « violés ». Ils n'avaient pas voulu cette grossesse, ils avaient l'impression qu'on leur avait fait « un bébé dans le dos », et exprimaient cette impression d'avoir été piégés en utilisant le terme « viol ».

La portée symbolique de ce mot se comprend aisément. C'est celui qu'on utilise pour traduire le choc éprouvé suite à un cambriolage par exemple, ou si notre ordinateur a été piraté... Nous ne nous trouvons pas dans le champ sémantique de la sexualité, le terme est donc à l'évidence utilisé dans son acception symbolique. En revanche, dans le cadre d'une grossesse non désirée, l'ambiguïté doit être levée. On se trouve *de facto* dans un registre corporel et sexuel, il ne peut être fait usage d'un mot aussi lourd de sens sur ce terrain-là, même si on comprend qu'émotionnellement c'est ce que ces hommes ont vécu.

De nombreux changements de registre se manifestent en glissant du personnel au général. D'une opinion personnelle, ou d'une mésaventure personnelle, on tire des conclusions générales, comme si c'était pareil pour tout le monde. Ce sont des relents de l'égocentrisme infantile.

L'ÉGOCENTRISME INFANTILE

L'enfant perçoit le monde et l'interprète à partir de lui-même. Par exemple, si ses parents sont énervés, il imagine que c'est lui qui les énerve. Il se place d'emblée au centre du processus. Il n'est pas capable d'imaginer une autre logique que la sienne et ne peut donc pas comprendre des comportements qui ne correspondent pas à ses habitudes et à sa vision du monde. Il est indispensable, pour la solidité de son évolution, qu'il soit convaincu que son cadre familial est ce qu'il y a de mieux. Ses parents sont parfaits, ils ont raison sur tout, la cuisine de Maman est la meilleure et Papa est le plus fort ! Ce qui se passe dans son univers est sa référence première et centrale.

Ce n'est qu'au fil du temps qu'il apprendra à quitter ses repères, à se décentrer et à envisager d'autres constructions psychiques que la sienne. Dès lors, les décisions que prennent d'autres personnes qui fonctionnent dans un schéma de référence loin du sien ne lui paraîtront plus illogiques ou anormales, mais simplement différentes. Et dignes d'intérêt et d'enseignement.

De nombreux adultes persistent dans cette vision du monde infantile, sans même s'en rendre compte.

Pour poursuivre la conversation, nous devrions leur dire :

> – Je comprends ta conclusion, mais je ne trouve pas que tu puisses en faire une généralité. C'est ton vécu, je te crois, mais tout le monde ne vit pas les choses de cette manière.

Ça fait un peu « donneur de leçons » ! C'est en partie pour cela qu'on ne le dit pas si souvent…

Les mots-sacs et autres imprécisions

Chaque époque, chaque culture décline un style linguistique qui lui est propre. Si une société privilégie le « quant à soi » et la modestie, cela s'entend dans la pudeur et la retenue des conversations. Le vocabulaire est réservé et la syntaxe est posée. Un peuple joyeux et exubérant s'exprimera en revanche avec plus de verve et d'audace.

Si l'art de l'éloquence a marqué certaines époques, ce n'est plus le cas aujourd'hui. De nos jours, la communication évolue vers l'imprécision, la rapidité et la superficialité des discours. Dans le cadre des relations interpersonnelles, cette médiocrité empêche la construction de relations approfondies en créant des illusions. Le flou des propos est facilement partageable et donne l'impression qu'on se comprend. Le lien créé par les insignifiances et les approximations n'est qu'apparent, et donc fragile.

La tendance actuelle, dans la société occidentale du XXIe siècle, consiste à s'exprimer vite, sans nuances, sans approfondissement de la pensée, sans précisions et sans engagement.

Une manière fréquente d'éviter l'engagement consiste à utiliser la *voix passive* : « Les choses se font » plutôt que la voix active : « Je fais les choses ». L'usage de la voix passive déresponsabilise, parce qu'elle n'impose pas de nommer le sujet : « Les choses se font » ne dit pas qui les fait, au contraire de : « Je fais les choses ». C'est moi, je dois donc assumer.

Prenons quelques exemples :

- « Maman... Le vase est tombé... » au lieu de « Maman, j'ai fait tomber le vase », ou « J'ai cassé le vase ». Le vase n'est pas tombé tout seul. Une tournure d'esprit, et donc de phrase, excusable chez un enfant (mais qui devrait néanmoins être corrigée pour lui apprendre à assumer ses actes), ne l'est plus chez un adulte. Les choses semblent nous arriver en dehors de toute volonté personnelle, ce n'est pas notre faute : « Mon réveil n'a pas sonné ! » (Oh, le vilain réveil !) « Je suis désolé, mais ma batterie était à plat... » (Quoi ? Votre téléphone ne se recharge pas tout seul ?) et ainsi de suite, écoutez, c'est édifiant !

- « Les plans ont été modifiés. » Tout seuls ? Par l'intervention du Saint-Esprit ? On pourrait dire : « Les organisateurs ont choisi de modifier les plans », non ?

- « La décision est tombée », paf, comme une pomme qui se détache de sa branche. Ne serait-ce pas plus honnête d'affirmer : « Nous avons décidé » ?

L'usage de la voix passive est de plus en plus fréquent et témoigne d'un désir général de ne pas assumer nos actes, reflet d'une société de plus en plus déresponsabilisante.

L'utilisation de *mots-sacs* est également un bon moyen pour noyer le poisson. Ces mots généraux qui contiennent... on ne sait quoi.

- « Aujourd'hui, tout va changer. » Tout ? Quoi exactement ? Qu'est-ce qui va changer ? Nous n'en savons rien, mais l'effet d'annonce a porté.
- « Avec toi, c'est différent. » Différent comment, sur quels points ? En mieux ? En moins bien ? Rien n'est dit, tout est flou...

- « La conjoncture actuelle empêche l'initiative personnelle. » Quel aspect de la conjoncture ? Et en quoi une conjoncture a le pouvoir d'empêcher ? Qui est derrière cette conjoncture ?
- « Aujourd'hui, les gens n'osent plus rien faire. » Qui sont « les gens » ? Quelle fraction de la population ? Qu'est-ce qu'ils n'osent plus faire ? Sur quoi se base cette personne pour affirmer cela ? Avec quoi ou avec quelle époque compare-t-elle ?

L'imprécision est également notable par l'absence de cadre circonstanciel. On ne dit pas *quand, comment, où, pourquoi,* etc. L'absence de précision confère aux propos une allure de généralité qui décourage la contestation. C'est comme si on disait en début de phrase : « En général... » et qu'ensuite on affirmait. Puisque les propos prennent une allure globalisante, nous ne pouvons ni les vérifier ni les mettre en question.

- « Le monde est violent. » Quel monde ? Quelle partie du monde ? Depuis quand ? De quel genre de violence parle-t-on ? Est-ce une caractéristique de notre époque ou cela a-t-il toujours été le cas ?
- « La science ne peut pas tout résoudre. » De quelle discipline scientifique parle-t-on ? Qu'est-ce qu'elle ne peut pas résoudre ? Qu'a-t-elle déjà résolu et où échoue-t-elle ?

Ces formulations sont fréquentes, à un point tel que nous ne nous en rendons plus compte. Les mots surfent au-dessus des concepts, ils effleurent, entourent vaguement, évoquent, mais rien n'est précis. Il s'agit d'une forme de paresse intellectuelle, qui forme des consensus mous mettant tout le monde d'accord.

Les formules bloquantes

Introduire son propos avec une petite formule connue de tous empêche, une fois de plus, les nuances, la précision, la vérification, la responsabilité des propos et la possibilité de les contester. En voici un florilège :

- « Je pars du principe que... » Il ne s'agit presque jamais d'un principe établi mais, ainsi énoncée, la formule anesthésie l'esprit critique. On ne touche pas aux principes, n'est-ce pas ?
- « Comme tout le monde le sait... » Si je ne le sais pas, je suis automatiquement désigné comme ignorant, autant me taire et laisser affirmer n'importe quoi.
- « De toute façon... » Belle petite fermeture, pas d'alternatives possibles. C'est comme ça, un point c'est tout.

Ces évolutions langagières ramollissantes risquent d'avoir pour effet, chez ceux d'entre nous qui persistent à privilégier les paroles précises et assumées, de décourager l'envie d'écouter. Écouter consiste à entrer dans l'univers de l'autre et à le découvrir, même (et surtout) s'il est différent du nôtre. Mais trop d'obstacles épuisent...

Ce n'est pas juste !

Lorsqu'une personne s'emporte et nous attaque d'une manière qui nous semble excessive ou injuste, nous nous sentons agressés. Il est assez insupportable d'écouter quelqu'un qui nous accuse indûment. Nous aimerions l'arrêter dès les premières phrases pour rétorquer que c'est exagéré ou faux, que les événements ne se sont pas passés de cette manière ou que nous nous sentons accusés de faits dont nous ne sommes pas coupables. Mais l'interrompre n'aura pour effet que de l'énerver un peu plus, nous le pressentons.

Pour celui qui encaisse, cela ressemble à de la mauvaise foi mais, pour celui qui charge, les accusations à l'emporte-pièce constituent un moyen de défense élémentaire qui lui permet de projeter sur autrui les causes de son mal-être. Pour lui, la meilleure protection, c'est l'attaque. Pour éviter d'en prendre conscience, il déploie une certaine puissance et exprime les choses à l'état brut, sans nuances et parfois avec colère. La charge est forte et balaye toute envie de riposte. C'est le but.

Écouter quelqu'un qui « réécrit l'histoire », comme on dit, n'est pas plus agréable. Réécrire l'histoire consiste à changer de-ci de-là quelques détails significatifs qui donnent au récit une tout autre coloration. On minimise sa part, on exagère les torts de l'autre, on inverse une chronologie qui ne nous est pas favorable et, grâce à ces quelques tours de passe-passe, l'affaire est dans la sac !

Cela crée une déclaration tendancieuse. Rien n'est massivement faux, mais tout est un peu tordu. Restaurer la vérité point par point n'en vaut pas vraiment la peine et interromprait souvent le discours. Toutefois, lorsque l'histoire est dite, elle ne correspond plus du tout à notre propre version des faits. Cette discordance, qui est normale dans la mesure où personne ne vit les événements de manière identique, devient ici très orientée. La personne qui s'exprime donne l'impression qu'elle sait vaguement que ses propos sont abusifs, mais qu'elle espère que nous ne nous en rendrons pas compte.

La forme obscurcit le fond

Certaines personnes paraissent incapables de s'expliquer par les mots. Elles ne s'expriment qu'en actes. Il semble qu'elles n'ont jamais appris à mettre leurs pensées en paroles, ni à traduire verbalement leurs émotions, leurs désirs ou leurs mécontentements. Ce sont plutôt des gens un peu bourrus et peu à l'aise dans les relations sociales. Lorsque le message est gentil, l'acte l'est aussi, et cette facette de leur personnalité les rend plutôt attachants. Mais lorsqu'ils ont besoin d'exprimer quelque chose de difficile, leur expression peut devenir assez agressive.

Voyez par exemple ce monsieur qui, en ayant assez de découvrir les crottes du chien de ses voisins sur sa pelouse, a tendu un fil électrique à l'entrée de sa propriété, plutôt que d'exposer le problème aux maîtres dès la première incartade de Médor sur son terrain. Pourtant, lorsqu'ils se croisent dans la rue, il a toutes les apparences de la cordialité. Hypocrisie ? Éducation ? Mal-être ?

Ce monsieur a essayé de s'exprimer avec ses moyens limités, et il était nécessaire qu'il le fasse. Si les voisins parviennent à lire entre les lignes l'incivilité subie et à décoder le mal-être qui se cache derrière ce mode d'expression fort maladroit, les choses peuvent s'apaiser, ce qui fut le cas. Mais si en revanche les interlocuteurs n'avaient pas été plus doués, ils auraient pu y répondre œil pour œil, dent pour dent, et le quartier se serait transformé en Fort Chabrol ! Ces moyens d'expression frustes, s'ils sont suivis de réponses qui le sont tout autant, sont à l'origine de bon nombre de conflits de voisinage.

Sur le fond, l'histoire est assez anodine, mais la forme lui a donné une allure légèrement guerrière. Par incapacité à mettre sa demande en mots, le voisin a créé une petite situation de crise qui aurait pu facilement être évitée. Cela arrive souvent, lorsque la goutte fait déborder le vase. La personne ressent une exaspération dont elle n'arrive pas à parler, qui se reproduit plusieurs fois, jusqu'au jour où elle sur-réagit, à la grande surprise des interlocuteurs.

Comme cet autre homme exaspéré d'être réveillé par les jeunes qui rient sous sa fenêtre et qui s'adresse à eux avec colère alors qu'ils ne se rendent compte de rien. Son énervement est légitime, mais sa réaction surprenante et disproportionnée, et les jeunes, choqués, n'ont aucune envie d'en tenir compte.

COLLER DES TIMBRES

Chaque incident est un timbre symbolique que l'on colle sur une feuille sans en parler à celui qui crée le désagrément, et lorsque la feuille imaginaire est pleine, on la lui envoie à la figure !

Mais ce n'est pas correct. Si l'autre locuteur n'a pas les moyens de savoir que nous accumulons des timbres, nous ne pouvons pas lui en faire payer la note. Pour éviter cet excès, nous avons le choix : soit nous le prévenons de chaque timbre collé (attention, lorsque tu agis de telle manière, je me sens irrité et je n'aime pas ça !), soit nous n'en parlons pas mais, dans ce cas, nous devons jeter le timbre à la poubelle ! C'est un détail ? Cela ne vaut pas la peine d'en faire un fromage ? Alors nous nous en débarrassons. À moins que nous n'aimions créer des problèmes, et ensuite nous en plaindre... Cela aussi, c'est un choix !

Ce n'est pas facile, me direz-vous, et vous avez raison. Mais si l'impulsivité sans analyse soulage au moment même, elle crée d'autres difficultés qui émergeront ultérieurement.

Un incompréhensible malaise

Écouter quelqu'un qui nous manipule génère un réel mal-être[5]. La confusion que nous ressentons nous brouille l'esprit et nous empêche, dans un premier temps, de comprendre ce qui se trame. Nous sortons de l'entrevue déconcertés, exaspérés ou en colère. Nous nous sentons amoindris, humiliés ou idiots... Nous nous demandons pourquoi nous n'avons pas riposté, pourquoi nous avons dit « Oui » alors que nous pensions « Non », pourquoi nous nous sommes laissé faire. Nous n'avons pas réussi à voir clair, nous avons perdu nos moyens, nous ne sommes pas parvenus à redresser la barre, le dialogue s'est envenimé au point,

5. J'ai développé cette dynamique dans *La Manipulation ordinaire*, ouvrage paru chez Ixelles Éditions, 2010.

parfois, de nous amener à utiliser des phrases excessives qu'ensuite nous pouvons regretter.

La manipulation éveille nos fonctionnements les plus sombres. Afin de ne pas nous laisser écraser, nous nous sentons poussés à mobiliser nos ressources les plus tordues : sous-entendus, mépris, attaques, exagérations et torsions de la réalité. Nous tâchons de riposter avec les moyens qui nous semblent nécessaires pour répondre aux attaques sournoises.

Parfois nous ne répondons pas, nous nous laissons manipuler parce que nous ne comprenons pas ce qui se passe et, ensuite, nous nous en voulons.

Les personnes qui nous manipulent hantent nos pensées. Il est difficile de tourner la page et de poursuivre son chemin l'esprit guilleret ! Nous gardons de ces rencontres un sentiment confus de frustration et d'injustice. Nous avons envie de nous expliquer, de revenir sur le sujet et de mieux nous y prendre cette fois. Mais plus nous tentons d'exprimer notre point de vue, plus nous sentons que nous envenimons le dialogue et nous perdons pied. Continuer à écouter dans ce contexte devient une réelle souffrance. La faire perdurer serait friser le masochisme. Pour nous préserver, nous sentons qu'il vaut mieux nous éloigner. Ou carrément rompre la relation.

QU'EST-CE QUE LA MANIPULATION ?

La manipulation est avant tout une dynamique relationnelle. Elle se met en place entre deux individus liés par une relation qui ne peut se dénouer facilement, et qui vivent un contentieux, une opposition ou un rapport de force. La manipulation n'est ni une tare ni une maladie, ce ne sont que des moyens, hautement désagréables, parfaitement irrespectueux et subtilement malhonnêtes qui ont pour effet de faire perdre pied à l'autre afin de maintenir sa propre tête hors de l'eau, pour prendre un certain pouvoir sur l'autre, ou simplement pour obtenir ce qu'on n'ose ou n'arrive pas à obtenir autrement. Ces comportements témoignent de l'incapacité du sujet à considérer l'autre comme un protagoniste à respecter, qui a une pensée propre, une vision du monde bien à lui, des goûts personnels, un rythme propre, des priorités différentes et avec lequel une conversation sincère et respectueuse est possible. Le sujet impose sa vision du monde à l'autre et, pour y arriver, il le dénigre, le critique, le ridiculise, caricature ses propos, élude les questions, évite le dialogue franc, accuse et culpabilise.

La manipulation peut être très asymétrique, mettant en scène une personne qui subit et en souffre, et qui est véritablement victime de l'autre, mais cette relation peut se manifester de manière bien plus symétrique, dans un affrontement manipulatoire tout à fait réciproque, et le plus manipulateur des deux n'est pas toujours celui qu'on pense.

Nous avons tous accès aux comportements manipulatoires, cela ne fait pas de tout le monde des manipulateurs, heureusement. Ce sont toujours des moyens peu francs et relativement désagréables, mais chaque comportement pris séparément n'est pas dramatique, c'est la répétition, la quantité et la constance qui sont à la longue traumatisantes. On parle de personnalité manipulatrice pour quelqu'un qui n'utilise que ce genre de comportements. Il obéit à deux impératifs : ne jamais dépendre d'autrui et ne jamais se sentir inférieur. Il lui importe donc d'éteindre progressivement le pouvoir de son partenaire, en le déstabilisant, en le critiquant, en lui mettant des bâtons dans les roues, comportements de violence larvée et sournoise, déguisée, discrète et tellement peu claire que bien souvent il ne le reconnaît pas lui-même. Il s'inscrit dans une relation dominant-dominé, qui ne prend en compte que ses intérêts propres, plutôt que dans une relation de négociation qui tiendrait compte des personnalités de chacun.

Mais ce qui est particulier et qui rend ce diagnostic difficile, c'est que cette stratégie de domination n'est pas toujours flagrante, ni constante. On peut croiser la route d'individus qui sont dans un premier temps assez charmants mais qui plus tard se révéleront bloquants, insistants, belliqueux, méfiants, brutaux, froids ou suspicieux. Cette phase d'emprise non plus n'est pas toujours consciente, elle est nécessaire aux manipulateurs pour se faire aimer, pour assurer ou restaurer le lien, mais elle ne relève pas nécessairement d'un plan mûrement conçu et réfléchi. Ils assurent leur survie – cela leur paraît normal et ce besoin réapparaît donc régulièrement entre les crises – par des périodes d'accalmie qui prennent parfois des allures de raccommodage. Ce qui explique en partie pourquoi les victimes restent parfois si longtemps sous leur emprise.

D'autres types de personnalités encore vous paraissent probablement pénibles à écouter, chacun a sur ce point sa propre sensibilité.

Mais nous ne pouvons nous contenter d'imputer aux autres nos difficultés d'écoute. Nous en portons aussi une part de responsabilité.

Pourquoi n'écoutons-nous pas bien ?

Il est assez rare que nous ayons appris à bien écouter. Cela ne coule pas de source. Souvent, nous n'avons pas été bien écoutés nous-mêmes. Nous avons grandi dans une famille où personne ne s'écoutait réellement. On se parlait pour se dire le nécessaire sur le plan du fonctionnement familial, « passe-moi le sel », « tu as fait tes devoirs ? » et « à quelle heure tu rentres ? », sans plus.

Or, vraiment bien écouter est difficile. Pas étonnant donc que nous n'y parvenions pas. D'autant que nous ne sommes probablement pas entourés de bons modèles aujourd'hui encore, et qu'en conséquence nous ne nous en rendons pas compte.

Faisons un tour d'horizon de nos dérapages potentiels.

La bouillonnante envie d'intervenir

C'est certainement la première raison pour laquelle nous avons du mal à écouter véritablement : notre envie d'être utiles, notre besoin de participer, d'exprimer nos idées, nos suggestions, etc. Nous voulons réagir à ce que nous raconte notre interlocuteur, lui montrer que nous sommes sensibles à ce qu'il vit, mais, ce faisant, nous ne l'écoutons pas, ou trop peu. Nous lui coupons la parole, l'empêchant de poursuivre à son rythme. Ou, à peine mieux, nous monopolisons la conversation dès qu'il a posé un point au bout de sa phrase. Certes, il a fini cette phrase-là, mais il est loin d'avoir eu le temps d'exposer ce qu'il avait sur le cœur. Cette impatience à parler n'est pas compatible avec une bonne écoute, parce que notre esprit n'est pas serein ni disponible au cheminement de l'autre.

La meilleure attitude pour bien écouter, c'est de se taire. Ne pas interrompre semble déjà, pour nombre d'entre nous, dur à respecter. Et même lorsque nous restons silencieux, nous ne le sommes pas nécessairement dans nos pensées. Au lieu de nous couler dans le récit de notre interlocuteur pour en découvrir la logique et les nuances, comme une barque suit le fil de l'eau, nous réfléchissons, nous préparons des réponses ou nous prévoyons des solutions. Nous pensons parallèlement à son récit. Nous ne sommes donc pas tout à fait attentifs à ce qu'il vit, dans un esprit d'ouverture à sa singularité.

Ce qu'il dit ? Ou ce qu'il vit ?

La différence semble subtile, mais elle est d'importance. Bien souvent, nous nous centrons sur ce que la personne *dit,* et non sur ce qu'elle *vit.* Une seule lettre, mais elle change tout ! Cette distinction repose sur une compréhension essentielle des fonctionnements humains : ce ne sont pas les événements qui nous affectent en tant que tels, mais la manière dont nous les vivons. Rappelez-vous l'histoire de la noix de coco !

C'est pareil pour tous les événements de la vie.

Par exemple, le divorce de leurs parents n'est pas vécu pareillement par leurs enfants selon la manière dont cela s'est passé, de ce qu'on leur en a dit, les disputes dont ils ont été témoins, le moral du père ou de la mère, la charge qu'ils mettent sur les épaules de leurs enfants, etc.

Un licenciement collectif est une catastrophe pour l'un et une opportunité pour l'autre, selon l'âge, le caractère, le statut familial, les circonstances de la vie et la capacité de chacun de rebondir.

Certaines personnes font un problème de tout, d'autres traversent les événements difficiles avec courage et bonne volonté, tout est une question d'état d'esprit et chacun fait ce qu'il peut avec ses moyens du moment, c'est une évidence.

Mais cela implique quelque chose de bien moins évident : que nous portions notre attention sur ce que *vit* notre interlocuteur, au-delà de ce qu'il *dit*.

Un exemple : à la sortie de l'école, un parent attend son petit garçon qui arrive en pleurant.

> – Maman, Papa, Noah a pris mon camion !

Que répondraient des parents qui n'écoutent pas vraiment le vécu particulier de l'enfant, mais seulement ce qu'il dit ?

> Le parent éducateur : Eh bien voilà, comme ça tu apprendras à faire plus attention à tes jouets !
> Le parent culpabilisant : Je t'avais bien dit de ne pas apporter ton camion à l'école !
> Le parent sauveur : Viens, on va aller le chercher.
> Le parent réparateur : Oh ! Mon chéri ! Viens, je vais te donner une bonne glace pour te consoler !
> Le parent minimisant : Ce n'est pas grave ! Tu en as encore tant à la maison !

Malgré de bonnes intentions, ces parents ne s'intéressent pas à la façon dont l'incident a été vécu. Aucun ne s'arrête un moment dans sa course pour lui dire « Raconte », pour essayer de comprendre comment leur enfant ressent la perte de son camion, aujourd'hui, en fonction de son moral et des circonstances qui ont entouré l'événement.

Tel enfant dira en pleurant :

> – C'était mon camion préféré, celui que Bon-Papa m'avait donné…

Ce camion-là est important, il doit être récupéré, mais à travers la disparition du jouet, l'enfant ressent la souffrance d'avoir perdu son grand-père, ce qui invite le parent à écouter cette tristesse particulière et à aider son enfant à progresser quelque peu dans son deuil.

Un autre enfant hoquettera :

> – Les autres, ils sont tous plus forts que moi !

Celui-ci se sent faible face à ses copains, il n'a pas confiance en lui et n'arrive pas à se défendre. En allant récupérer le camion à sa place, nous le confirmerions précisément dans son sentiment d'infériorité, alors qu'en lui laissant la parole, nous pourrions envisager avec lui comment il peut récupérer son camion par ses propres moyens, ce qui renforcerait son estime personnelle.

Autre exemple encore. Imaginons que nous rencontrions un ami qui nous dit :

– Samedi dernier, je me suis fait cambrioler !

Si nous nous laissons aller à la curiosité, nous risquons de poser des questions sur les circonstances :

– Chez toi ?
– Et qu'est-ce qu'ils ont volé ?
– Et par où sont-ils entrés ?
– Vous étiez partis ?

Bien sûr, avec ces questions, nous manifestons quand même un intérêt pour ce que cet ami a vécu, mais nous orientons nos questions vers ce qui nous intéresse, et non vers ce qu'il a besoin de raconter. Nous pourrions l'inviter à parler librement, avec des questions plus ouvertes :

– Raconte.
– Qu'est-ce qui s'est passé ?
– Comment tu te sens ?

Nous nous rendrions compte alors que l'un se sent violé dans son intimité, l'autre est terrorisé et n'ose plus dormir seul, alors que le troisième s'en fiche éperdument parce qu'il est bien assuré et que c'est l'occasion de changer de télé ! Un même événement et trois ressentis particuliers, donc trois façons différentes d'aider et de réconforter...

La chasse aux détails et la poursuite de la vérité

Si nous écoutons le récit plutôt que le vécu, nos réactions peuvent empêcher notre interlocuteur d'exprimer la manière dont il vit les événements, en nous focalisant sur les petites inexactitudes dans sa version, les détails qui ne correspondent pas à notre souvenir.

> – J'aurais bien voulu qu'on en parle et qu'on résolve ce problème, mais dimanche soir, quand j'ai essayé de t'en parler, tu étais occupé sur l'ordi.
> – Mais non, dimanche soir, c'est moi qui ai fait le repas, j'étais à la cuisine.
> – Oui, mais après le dîner, tu n'étais plus disponible.
> – Mais ce n'est pas vrai, c'est toi qui es montée mettre les enfants au lit !
> Etc., etc.

La première personne fait part de son besoin de résoudre un problème et de son regret de ne pas trouver un moment de disponibilité commune, mais son partenaire s'arrête sur les détails qu'il juge inexacts, ce qui empêche d'aborder l'objet prioritaire du message.

Les petites inexactitudes d'un récit sont souvent sans conséquence sur la suite. Ces détails anodins importent peu, finalement. Si nous choisissons de ne rien laisser passer, nous optons délibérément pour un fonctionnement crispant qui déroute et brise la fluidité de l'expression. C'est une forme de sabotage dont nous devrions être conscients. Si un détail s'avère ensuite avoir une quelconque importance, nous aurons tout loisir de le redresser au moment opportun. Inutile de tirer sur tout ce qui bouge au premier mot prononcé !

Interprétations, suppositions, projections

– Je me suis soigné durant des années par homéopathie, je commence à avoir des doutes sur cette médecine. Je ne sais toujours pas comment ça marche et je me demande si ce n'est pas que du placebo.

– Alors finalement, pour toi les homéopathes sont des arnaqueurs ?

– Mais non ! Je n'ai jamais dit ça, et je ne le pense pas.

– Mais si ! Si tu dis que c'est du placebo, ça veut dire que c'est de l'arnaque !

– Mais je n'ai jamais parlé d'arnaque !

– Heu, excuse-moi ! Mais c'est exactement ce que tu sous-entends !

Ce dialogue résumé montre que la seconde personne extrapole. Elle semble choquée par les propos qu'elle vient d'entendre, qui mettent probablement en question ses propres convictions. Elle les interprète à sa manière et en tire une conclusion quelque peu provocante qui empêche la poursuite du récit. Elle n'écoute pas ce que la première tente de dire et qui aurait pu faire l'objet d'une conversation intéressante : ses doutes sur cette forme de soin à laquelle elle avait accordé foi durant des années.

Une fois l'énervement calmé, l'interlocuteur froissé s'en est expliqué. Pour lui, « placebo » signifie « arnaque ».

Ce lien, qui lui est pourtant bien personnel, lui paraît évident et il suppose donc que les autres personnes le font aussi. Il ne vérifie pas son extrapolation, conclut directement et réagit avec humeur. Il riposte, il n'écoute pas.

Nous faisons bien souvent des suppositions. Il est difficile de ne pas en faire, nous ne pouvons vérifier le sens que notre interlocuteur donne à chaque mot ! Nous devons faire des interprétations globales, mais il est essentiel de comprendre que c'est bien cela que nous faisons. Cela nous permet de rester vigilants et de vérifier de temps à autre si nous sommes bien sur la même longueur d'onde. Nous filtrons, nous sélectionnons, nous traduisons, nous interprétons, c'est ainsi, et il faut en avoir conscience. Et corriger le tir régulièrement.

L'EMPATHIE, C'EST QUOI EXACTEMENT ?

On pense parfois que l'empathie consiste à se mettre à la place de l'autre, pour mieux ressentir ce qu'il exprime. Or ce procédé mental est un peu trompeur. Parce que nous ne pouvons pas nous mettre à la place de l'autre. Nous n'avons évidemment pas les mêmes perceptions ni la même sensibilité. En imaginant ce que nous ressentirions à sa place, nous n'imaginons que... ce que nous ressentirions à sa place ! Et non ce que cette personne-là, unique et différente de nous, ressent.

L'empathie consiste avant tout à se couler dans le récit de l'autre. Se laisser porter au plus près de ce qui est exprimé, sans penser à soi. Il s'agit bien davantage d'une attitude d'observation fine, sensible et attentive, plutôt que d'une projection fictive de soi dans l'univers de l'autre.

Néanmoins, en restant nous-mêmes et sans partir dans cet imaginaire projectif, nous pouvons quand même ressentir une sorte de contagion émotionnelle. Nous la connaissons bien lorsqu'elle s'exprime sous forme de fou-rire : le rire incoercible d'untel déteint sur nous, alors que nous ne connaissons pas toujours les raisons de son hilarité. Il n'est donc pas nécessaire de comprendre, et encore moins de se mettre à sa place, pour ressentir l'émotion joyeuse de celui que nous écoutons. C'est pareil pour la colère ou la tristesse, et toute autre forme d'émotion.

En restant nous-mêmes, sans essayer d'imaginer ce que nous ressentirions dans les mêmes circonstances, nous percevons l'émotion de l'autre, elle nous touche et réveille la nôtre, comme une corde de guitare qui vibre d'elle-même, en harmonie, lorsqu'on pince celle d'à côté.

Nous avons fait le tour de quelques obstacles fréquents à l'écoute, émanant autant de celui que nous écoutons que de nous-mêmes. Conclusion : peut mieux faire ?

Explorons ensemble comme nous y prendre pour bien écouter.

Vade mecum d'une écoute attentive et respectueuse

« Quand vous êtes-vous senti vraiment bien écouté ? » Cette question, qui entamait les séminaires que j'ai donnés durant quelques années sur le sujet, amenait généralement deux types de réponses : les premiers intervenants répondaient « jamais », les seconds, malheureusement moins nombreux, décrivaient quelques moments de bonne écoute. Triste constat. Ce qu'ils exprimaient était somme toute assez simple : « Je me suis senti vraiment bien écouté lorsque j'ai pu parler jusqu'au bout sans être interrompu, et que la personne qui m'écoutait ne m'a pas immédiatement donné son avis ou des conseils. Elle a juste cherché à comprendre ce qui m'arrivait, sans pression. »

L'écoute respectueuse est non directive, attentive, et son rôle essentiel est de permettre à la personne de s'exprimer aussi librement qu'elle le veut, sans qu'elle se sente jugée, ou dirigée. Un peu comme si nous écoutions un Martien ! Si nous devions accompagner un Martien dans sa difficulté à communiquer, nous serions quelque peu démunis et ferions probablement de beaux efforts pour nous adapter à son étrangeté.

> De quoi souffre un Martien ?
> Comment exprime-t-il ce qu'il ressent ?
> Est-ce qu'il pleure quand il est triste ?
> Comment a-t-il besoin d'être écouté ?
> Comment le réconforter ?

Autant de questions que nous pourrions nous poser pour tous ceux que nous choisissons d'écouter parce que, bien qu'humains, nous sommes tous un peu des Martiens les uns pour les autres ! Comme je l'ai expliqué plus haut, même si nous traversons les mêmes événements, nous ne les vivons pas de manière identique. Chacun a sa sensibilité personnelle, et l'écoute attentive doit en tenir compte.

Ici et maintenant

Pour rester bien centré, on préconise que l'écoute se vive *ici et maintenant*. Qu'est ce que cela implique ?

Ici signifie de ne pas nous évader hors de la rencontre présente. La personne à laquelle nous accordons notre attention est toujours celle que nous avons en face de nous, et non celle dont nous parlons. Par exemple, si nous rendons visite à un malade, aussi longtemps que nous sommes dans sa chambre, il est l'objet central de notre écoute mais, lorsque nous nous retrouvons dans le corridor avec son épouse, c'est elle qui devient la personne à laquelle nous nous intéressons. Elle souffre d'accompagner son mari qui décline de plus en plus, elle a peut-être peur de le perdre, elle a aussi besoin d'être écoutée. Même – et c'est là que nous avons tendance à déraper – si elle ne parle que de la souffrance de son mari. Nous pourrions avoir tendance à nous mettre également à parler de lui, une manière de nous détourner de cette femme qui, à l'évidence, souffre également.

> Dernièrement, j'ai pris un moment pour écouter un enfant qui pleurait tout seul dans son coin, un soir de fête. Je ne le connaissais pas, mais sa tristesse m'a touchée. C'était un petit garçon métis de six ou sept ans, au joli visage bronzé et aux yeux en amande. Je lui ai demandé ce qui se passait et, après m'avoir raconté

que ses petits copains ne voulaient pas jouer avec lui, il me dit qu'ils l'avaient traité de « face plate ».

Si je n'avais pas un peu de technique d'écoute, et la certitude qu'il faut avant tout entendre ce que vit la personne ici et maintenant, j'aurais probablement répondu comme je l'observe souvent et que je le faisais jadis : « Mais ne t'en fais pas, ils n'ont certainement pas voulu te faire de la peine... Il ne faut pas mal le prendre... Tu sais, les enfants ne pensent pas toujours ce qu'ils disent... Ils ne se rendent pas compte... Etc. » C'est-à-dire se faire l'avocat des absents, dans le but (rarement atteint) de diminuer la portée de ce qu'ils ont dit, pour amoindrir en conséquence la douleur du petit garçon. Si j'avais dit cela, j'aurais pris la défense des agresseurs de l'enfant et il se serait probablement senti incompris, seul ou même ridicule d'avoir accordé de l'importance à ce que je tâchais de minimiser.

J'ai choisi de l'accompagner dans son vécu : « Oh ! Mais c'est dur ça ! Je comprends que tu n'aimes pas ça ! » Je l'ai immédiatement senti soulagé, et il a continué : « Ils sont plus grands que moi, je n'ose pas répondre, mais j'ai envie de leur casser la gueule ! » Et moi : « Je comprends que tu aies envie de ça, c'est une envie très normale. Tu as envie de te défendre, de leur montrer que ça t'a fait mal. Mais comme tu sais, on ne peut pas casser la gueule aux gens... » « Oui, je sais. C'est dommage, parce que ça m'aurait fait du bien ! Pouing, et il tombe par terre ! Ah ! Ce serait bon ! » « Je comprends, ça te fait du bien de penser à ça ! Tu aimerais riposter... Tu peux y penser ! Malheureusement, tu ne peux pas le faire. Mais est-ce que tu peux te défendre autrement ? »

Et le dialogue a évolué petit à petit vers l'idée de reprendre sa place dans le groupe en faisant un peu le clown, ce qui semblait lui convenir. Cela lui a permis de surmonter sa frustration et d'attirer l'attention en faisant rire, avec succès.

Rester centré sur *maintenant* permet à la personne que nous écoutons d'exprimer comment elle porte aujourd'hui la charge de ses souffrances, même si les événements se sont passés hier.

– Et aujourd'hui, comment tu te sens ?

Observons comment un dialogue qui reste « ici et maintenant » diffère de celui qui s'en échappe. Commençons par le second :

– Je suis préoccupée par l'avenir de mon fils.
– Mais ne t'en fais pas, il va s'en sortir.
– Oui, mais pour le moment, il file un mauvais coton, et je m'inquiète.
– On est tous passés par là, c'est le propre de la jeunesse.
– Sauf que je crois qu'il fait quelques bêtises.
– Et toi ? Tu n'en as jamais faites à son âge ?
– L'époque était différente. Et il ne me raconte pas tout. Je me demande s'il ne me cache pas des choses.
– C'est normal, il a besoin d'avoir un jardin secret !

Et ainsi de suite. L'ami écoute la mère du garçon avec gentillesse et essaye de l'aider à ne pas s'en faire. Il tâche de la réconforter en minimisant ce qu'elle vit, mais l'écoute-t-il réellement ? Non, pas vraiment. Or le dialogue semble sympathique et bien intentionné. Le copain alterne des réponses qui concernent le fils, donc pas « ici » (ne t'en fais pas, il va s'en sortir, il a besoin de son jardin secret), avec des généralités (on est tous passés par là) et des retours vers la mère, mais pas « maintenant » : il évoque le passé (tu n'en as jamais fait à son âge ?). En fait, voulant bien faire, il balade son amie à droite et à gauche pour la distraire et l'empêcher de se tourmenter et, ce faisant, il n'écoute pas ce qu'elle vit et ne lui permet pas de l'exprimer.

En restant centré sur « ici et msaintenant », voici ce que cela pourrait donner :

– Je suis préoccupée par l'avenir de mon fils.
– Ah oui ? Qu'est-ce qui te préoccupe ?
– Je trouve qu'il file un mauvais coton.
– Qu'est-ce que tu veux dire ?
– Il a l'air déprimé, mais je ne sais pas ce qui se passe, il ne me raconte pas tout.
– Tu es inquiète ?
– Oui...
– Qu'est-ce qui t'inquiète ?
– J'ai peur, je crois qu'il fume des pétards. Je sais qu'il fumait de temps en temps des cigarettes, mais si c'est régulier, j'ai peur qu'il n'étudie plus et arrête ses études.
– Hmm... Tu as peur qu'il décroche ?
– Oui, peut-être que c'est déjà trop tard. Et je n'ose pas en parler à son père.
– Pourquoi ?

– J'ai trop peur de sa colère ! Il aggrave toujours tout.
– Tu te sens un peu seule ?
– Oui, je crois que j'ai besoin d'aide. Il faut que je retrouve le lien avec lui, mais je ne sais pas comment m'y prendre.
– Qu'est-ce qui t'aiderait ?
– Je crois que je vais aller prendre conseil dans un centre de consultation... Oui, là je trouverai des gens compétents dans ce type de problème.

Cette fois, on voit que l'ami reste bien centré sur la mère. Il essaye de voir ce qui est difficile pour elle, sans jugement. Son écoute aide son amie à approfondir ce qui la tourmente et elle exprime naturellement que l'aide d'un spécialiste lui serait nécessaire.

Une autre manière de concevoir une écoute bien centrée sur le présent consiste à imaginer que c'est la première fois que nous écoutons une personne, mais aussi la dernière.

Première fois signifie que nous ne nous référons pas à ce qu'elle a pu dire précédemment. Avec le temps, ses idées ont peut-être évolué, il est inutile d'y revenir, et encore moins de la contredire en lui rappelant que sa version précédente était différente. Ce n'est pas un interrogatoire de police ! Nous nous dégageons de ce que nous savons d'elle, nous l'écoutons avec un esprit vierge. Si elle ne fait pas de lien avec des confidences antérieures, nous ne le faisons pas non plus.

Dernière fois indique que nous allons entendre tout ce qu'elle a besoin de dire aujourd'hui, en ne laissant rien sur le bord de la route. Nous ne savons pas comment ses idées vont évoluer et demain est un autre jour...

L'image du danseur et de la danseuse est assez représentative d'une écoute qui accompagne bien : la danseuse suit exactement les pas du danseur (dans la valse traditionnelle par exemple), elle ne cherche pas à influer sur le rythme ou les pas de son cavalier. Lorsque nous écoutons vraiment bien, c'est ce que nous faisons : nous nous laissons porter par le récit et les émotions de notre partenaire, nous l'accompagnons agréablement dans la mise au clair de ce qu'il choisit de révéler. Ni plus, ni moins.

Pour bien écouter : en voiture Simone !

Plutôt que de décrire une méthode d'écoute respectueuse, laissons-nous porter une fois encore par une image.

Écouter une personne en difficulté, c'est un peu comme si, pendant le temps de la rencontre, nous nous asseyions sur le siège du passager d'une petite voiture conduite par la personne qui veut s'exprimer. Il s'agit de sa voiture de vie, qu'elle reçoit à la naissance, avec laquelle elle parcourt les hauts et les bas de l'existence et qu'elle quittera au moment de sa mort, comme tout un chacun.

Notons déjà qu'elle roule sans nous depuis des années comme elle le veut ou comme elle le peut, que nous ne sommes pas les seuls à nous asseoir sur ce siège et que son chemin continuera encore après notre passage. Ceci est une invitation à une certaine modestie.

Restons à notre juste place de passager temporaire. N'ambitionnons pas de changer la personne que nous écoutons, en quelques phrases.

Cette métaphore illustre également le fait que nous choisissons consciemment d'entrer dans la voiture et d'y rester un moment. C'est un acte réfléchi et décidé, que nous devons assumer. Nous nous mettons consciemment à l'écoute. Nous nous concentrons pour adopter une attitude d'ouverture, d'intérêt et de respect. Si nous ne sommes pas disponibles, nous pouvons décliner l'invitation ou la remettre à plus tard, lorsque nous serons à même de consacrer du temps et de l'attention à la personne. C'est peut-être un peu frustrant pour elle, mais nous lui offrons en compensation un moment privilégié où nous serons tout ouïe.

> – J'entends que tu as des choses à dire, et je voudrais t'écouter, mais là maintenant, je suis à la bourre ! Est-ce que cela te va si je repasse après le dîner ? On aura alors tout le temps de discuter, je serai disponible pour toi.

La personne sait que nous allons revenir, et nous disons quand. Notre discussion n'est pas renvoyée aux calendes grecques, elle peut attendre un peu. Cette mise au point peut être nécessaire avec les personnes qui nous téléphonent à l'improviste, ou s'invitent sans crier gare dans notre bureau, et parfois à de fort mauvais moments.

Une fois dans la voiture, sur notre siège d'écoutant, que pouvons-nous faire et que devons-nous éviter ?

Le frein

Le passager ne freine pas à la place du conducteur. En tant qu'écoutant, veillons à éviter toute attitude, toute expression verbale ou non verbale, qui a pour effet de ralentir ou d'arrêter l'expression libre de notre interlocuteur.

• *Attitudes verbales qui freinent*

> – Mais qu'est-ce que tu dis là !
> – Tu exagères !
> – Mais non, voyons, tu as l'air au contraire d'aller beaucoup mieux !
> – Il n'y a pas de raisons que tu sois triste comme ça !
> – Mais non, ma chérie, tu te trompes !

Ou encore :

> Un père à son enfant adolescent qui lui exprime sa difficulté de vivre :
> – Tiens, prends ces 20 euros et va t'acheter quelque chose qui te plaît. (Sous-entendu, arrête de te plaindre, je ne peux rien y faire et je déteste me sentir impuissant !)
>
> – Ah oui, ça je comprends ! Moi aussi, quand Gérard m'a quittée, j'ai choisi de... et moi, et moi, et moi...
>
> – Ma tante aussi a eu cette maladie et tu sais ce qu'elle a fait ? (Non, et je m'en fiche, j'avais juste envie de te parler, et je ne connais pas ta tante !)

• *Attitudes non verbales qui freinent*

Écouter avec une main déjà sur la poignée de la porte ou avec un air distrait, regarder l'heure, faire autre chose en même temps, manifester qu'on brûle d'intervenir, afficher un petit sourire en coin ou toute autre émotion semi-exprimée qui suscite la curiosité ou l'embarras...

Comme expliqué plus haut, ne pas avoir l'intention de freiner n'est pas suffisant, il faut observer le résultat de nos attitudes (bien intentionnées ou non) et voir si elles n'ont pas pour *effet* d'empêcher notre interlocuteur de s'exprimer librement jusqu'au bout de ce qu'il a à dire.

Observons, par exemple, combien il est facile d'obtenir l'effet d'un coup de frein avec une question fréquemment posée à une personne que l'on souhaite apparemment aider :

– Qu'est-ce que je peux faire pour toi ?

La réponse la plus habituelle est « Rien ». Pourquoi ? Parce qu'il s'agit d'une question fermée et même à double tour ! Elle comporte en effet deux verrous :

– Qu'est ce que *je* peux *faire* pour toi ?

Je implique ici que nous nous proposons nous-mêmes pour lui apporter de l'aide et *faire* signifie qu'il s'agit de nous trouver une action, quelque chose que nous puissions faire. Nous trouver quelque chose à faire représente un effort pour la personne qui est préoccupée, affligée ou en souffrance. Cela l'oblige à se centrer sur nous, alors qu'elle a besoin que ce soit nous qui nous centrions sur elle. Elle a besoin de s'exprimer, et non de trouver un moyen qui nous aiderait à nous sentir utiles.

Nous observons de surcroît que cette question amène presque toujours la réponse « Rien », alors pourquoi continuons-nous à la poser ? À chacun de s'interroger sur sa propension à utiliser des voies sans issue...

Mais si nous persistons dans notre intention sincère d'aider la personne à se sentir mieux, nous pouvons choisir une formulation qui ne nous campe pas en sauveur mais qui au contraire situe la recherche de son bien-être au centre :

– Qu'est-ce qui pourrait te faire du bien ?

Nous observerons alors un éventail de réponses englobant notamment :

- des issues qui concernent quelqu'un d'autre que nous-mêmes :

  – Si seulement ce médecin pouvait m'expliquer ce que j'ai...
  – Je voudrais que Cécile cesse d'insister chaque fois que je n'ai pas les mêmes envies qu'elle !
  – J'ai vraiment besoin que mes enfants me laissent tranquille, j'ai besoin de repos, j'ai assez donné !

Et nous pourrions explorer avec elle pourquoi cela ne se passe pas et éventuellement comment y remédier.

- des issues qui ne nécessitent pas notre présence :

  – J'ai juste envie de parler, sans plus…
  – J'ai besoin de recul pour mieux comprendre ce qui m'arrive…
  – Je crois que partir quelques jours en vacances me ferait le plus grand bien !

- ou encore des souhaits obsédants que nous savons irréalisables, mais en parler un peu soulage tellement :

  – J'aimerais tant que mon mari soit encore là ! C'est si lourd d'être seule face à tout ça !
  – Je voudrais avoir vingt ans de moins !
  – Je voudrais revenir cinq jours en arrière et effacer ce que j'ai dit !

Nous observons la richesse d'une question ouverte qui permet une multitude de réponses sans que nous n'en ayons *a priori* la moindre idée, alors qu'une question fermée oriente la réponse vers notre propre préoccupation.

L'accélérateur

Revenons dans l'habitacle de la petite voiture. Comme le passager s'abstient de mettre le pied sur l'accélérateur, nous devons éviter les interventions, verbales ou non verbales, qui ont pour effet d'amener celui qui s'exprime plus loin que ce qu'il souhaite dire spontanément. Cette règle implique un respect du rythme de l'individu qu'on écoute, ainsi que de ses silences.

Certaines personnes ont besoin de petits moments de pause après avoir exprimé quelques idées. Le fait d'avoir pu mettre leurs préoccupations en mots leur permet d'y réfléchir un peu et de poursuivre à leur aise le développement de leurs pensées. Ces instants de silence les aident à se confier sans risque d'être interrompues. Sans les mots, cela demeure un accompagnement respectueux. Notre attention est soutenue par notre regard et par la qualité de présence que nous manifestons non verbalement, avec « un regard qui ne prend pas mais qui reçoit, dans le silence le plus absolu de l'esprit », comme l'écrit si joliment Alessandro Baricco.

Portons également notre attention sur les questions que nous posons, pour éviter toute intrusion, toute curiosité non respectueuse. Notre rôle n'est pas de faire parler la personne, ni de lui tirer les vers du nez, mais juste de l'encourager à poursuivre sur sa voie.

> – Mais vas-y ! Dis-moi ! Qu'est-ce que tu as sur le cœur ?
> – Non, ça va, laisse-moi…
> – Je n'aime pas quand tu me caches des choses ! Pourquoi tu ne veux pas me le dire ?
> – J'en parlerai plus tard, lâche-moi !

Là, on observe une certaine insistance ! L'écoutant n'aime visiblement pas que son interlocuteur ne soit pas prêt à tout raconter. Il lui paraît désagréable de poursuivre la conversation dans ces circonstances. Mais il pourrait s'y prendre avec plus de respect, sans pour autant nier sa propre difficulté à écouter quelqu'un qui ne parle pas volontiers.

> – Tu préfères ne pas en parler pour le moment ?
> – Oui... Non... Je ne sais pas...
> – C'est comme tu veux.
> – ...
> – Mais si je ne comprends pas ce qui t'arrive, je ne peux pas t'aider.

L'écoutant clarifie sa position, tout en respectant le silence de l'autre. Qui a le choix de se taire :

> Merci, mais je n'ai pas vraiment besoin d'aide pour le moment, je dois juste prendre un peu de temps pour y voir plus clair moi-même.

Ou de s'exprimer plus avant :

> Oui, tu as raison. Et j'ai bien besoin de ton avis. Un regard extérieur m'aidera à y voir plus clair.

Il n'est pas simple de trouver cette présence juste, qui ne ralentit ni n'accélère. Il faut s'imprégner d'une forme d'affection respectueuse, accompagner l'individu exactement comme il est. À l'égard de certaines personnes, il conviendra de faire montre d'indulgence pour accepter leur confusion, un rythme de parole qui leur est propre, des zigzags ou des précautions oratoires, sans s'énerver. Personne n'est parfait. Et *a fortiori* lorsqu'on ne se sent pas très bien...

Le volant

Le passager n'est pas censé prendre le volant. L'écoutant veille lui aussi à éviter toute attitude, verbale ou non verbale, qui a pour effet de faire dévier celui qui s'exprime du cheminement naturel de son expression. Ici s'inscrivent toutes les suggestions, conseils, questions, « bonnes idées » et autres dérapages qui nous sont familiers :

> Et pourquoi tu ne lui en parlerais pas ?
> Dites-leur qu'à partir de demain, ils ne peuvent plus rester !
> Tu devrais vraiment te trouver un autre travail !
> Tu n'as qu'à laisser tomber maintenant !
> Vous devriez peut-être aller voir quelqu'un...

Ces remarques envoient la personne sur des pistes qu'elle n'avait pas choisi d'explorer. C'est l'écoutant qui imprime la direction. Un peu comme un passager qui dirait sans cesse : « Et pourquoi tu n'irais pas par là ? Est-ce que tu as déjà essayé cette route-là ? Tu pourrais prendre ce raccourci ! » Tous les conducteurs ont déjà connu cette situation assez crispante, qui leur fait dire parfois : « Dis ! C'est moi qui conduis ! » Pour l'écoute, c'est pareil.

Si nous sommes attentifs aux effets de nos interventions « déviantes », nous observons :

- des réponses négatives :

  Mais non, ce n'est pas possible, parce que...
  J'y ai déjà pensé mais...

- des réactions évasives, sans aucune conviction :

  Oui ? Tu crois ?
  Je ne sais pas...

- mais rarement bien positives, comme :

  Mais quelle bonne idée, je n'y avais pas pensé !
  Heureusement que tu m'en parles !

Il peut nous arriver d'avoir de bonnes idées pour autrui, bien entendu, mais il est préférable que la personne en difficulté y arrive d'elle-même afin que ces éventuelles solutions collent au plus près à ses besoins et à ses capacités, mais aussi parce que le fait d'en avoir eu l'idée elle-même lui rendra peut-être un peu de confiance et de courage. À nous de l'y aider avec subtilité.

> À quoi as-tu déjà pensé ?
> Quelles sont les solutions qui s'offrent à toi ?
> Qu'est-ce que tu en penses ?

Nous pouvons l'aider avec ce genre de question, mais seulement quand elle nous donne des signes témoignant du fait qu'elle essaye de se dégager de l'ornière. Sinon, cela aurait l'effet d'un coup d'accélérateur ou de frein.

Le frein, l'accélérateur et le volant représentent les attitudes à éviter. Venons-en maintenant aux attitudes à développer.

Les phares

Dans cette petite voiture, l'écoutant a accès aux phares. Pas les pleins phares qui prévoient où la voiture va aller, mais les petits phares qui éclairent quelques mètres devant, sans plus, et qui accompagnent tous ses mouvements.

Trois interprétations se dégagent de cette image : les phares accueillent, éclairent et lisent.

• *Les phares accueillent*

La lumière des phares précède la voiture, lui ouvre la route. Elle illustre toutes les attitudes d'accueil :

• verbales :

> Je t'écoute.
> Viens, installons-nous ici, nous ne serons pas dérangés et je pourrai t'écouter à l'aise.
> Et alors, qu'est-ce qui se passe ?
> Raconte.

• et non verbales :

> Arrêter ses activités, se taire.
> S'asseoir.

> Montrer son attention.
> Soutenir le discours par des mimiques ou un regard qui encouragent la parole.

• *Les phares éclairent*

Les phares aident le conducteur à voir où il va et lui permettent de faire le point sur sa route. Ils illustrent toutes les interventions qui expriment avec nos mots ce que nous percevons, ce que nous croyons comprendre de ce que vit celui qui parle. Nous essayons d'éclairer, de clarifier.

• Si nous croyons avoir compris, nous pouvons reformuler ou synthétiser de façon affirmative :

> Donc, en fait, ce qui est le plus pénible pour toi, c'est qu'elle t'ait humilié devant vos amis.
> En vous écoutant, je me rends compte que, le plus dur, c'est qu'il ne vous ait rien expliqué.
> Tu es fâché contre lui, c'est clair ! Tu ne peux plus le supporter !

• Si nous sommes moins sûrs, nous utiliserons une forme hypothétique :

> Ce que tu veux dire, c'est que ces tensions te minent ? C'est ça ?
> En fait, il me semble, en t'écoutant, que tu te sens culpabilisée, non ?

> Tu veux dire que... tu n'as plus envie de travailler avec ce type-là ? N'est-ce pas ?

- Si nous ne comprenons vraiment pas, nous tâcherons de synthétiser de manière interrogative :

> Mais qu'est-ce qui est prioritaire pour toi, dans tout ça ?
> Et toi, qu'est ce que tu en penses ?
> Tu as l'impression d'avoir été floué ?

- *Les phares lisent*

Ces phares sont comme de gros yeux. Ils ont également pour fonction de lire ce qu'exprime la personne de façon non verbale, avec les mêmes nuances que précédemment : affirmative, hypothétique et interrogative.

> Cela n'a pas l'air d'aller très fort, ce matin... Qu'est-ce qui se passe ?
> Tu me parais bien préoccupée.
> Je te sens un peu triste quand tu dis ça.
> Je vois que c'est encore très douloureux.
> Qu'est-ce qui t'émeut comme ça ?
> C'est quoi ce petit sourire en coin ?

En nous adressant à elle de la sorte, nous invitons la personne à s'exprimer, mais ne la forçons en rien. Elle peut très bien nous répondre évasivement et nous respecterons sa réserve.

Dans la voiture

Pour terminer l'exploitation de cette image, nous sommes assis *dans* la voiture. Nous ne sommes pas spectateurs extérieurs, peu atteints par ce que vit le conducteur. Assis à côté de lui, nous sentons les cahots, les chocs et les dérapages. Nous ne sommes pas indifférents à ce qu'il ressent. Ce qu'il vit nous touche, nous émeut, nous bouleverse éventuellement. Nous pouvons parler de ce que nous ressentons en écho à ce qu'il exprime.

C'est ici que nous pouvons dire « je ». Nous pouvons dire ce que cela nous fait de percevoir sa souffrance, d'en être témoin, d'avoir reçu sa confiance en même temps que sa confidence. Ce sont ces mots-là qui le rendent vivant, qui le font exister en tant que personne, c'est vraiment là qu'il se sent reconnu, et en lien avec nous.

Être reconnue dans sa souffrance et exister aux yeux de l'autre sont les besoins essentiels de toute personne en difficulté.

> Je suis vraiment touchée par ce que tu vis. Cela m'a l'air plus dur que ce que j'imaginais.
> Je me sens très préoccupé par ce qui t'arrive et en même temps assez impuissant.
> Je me rends bien compte de la situation dans laquelle tu te trouves.
> Oui... Je vois... C'est dur ça...
> Je te remercie de la confiance que tu m'accordes en me racontant tout cela. Ça me va droit au cœur.

Nous pouvons évidemment manifester notre émotion non verbalement, par l'expression de notre visage et nos gestes. Et parfois même par une expression émotionnelle qui nous serre la gorge et que nous choisissons de laisser monter. Partager la souffrance de l'autre en montrant nos larmes nous relie fortement à lui. Mais nous devons rester vigilants et garder quelque peu notre émotion sous contrôle. C'est son histoire, pas la nôtre. Et notre ressenti ne doit évidemment pas prendre le pas sur le sien.

Libres, mais conscients

Chacun reste bien entendu libre d'écouter comme il l'entend. Personne ne devrait nous dire en cette matière ce qui est bon ou non. Mais si nous voulons rester honnêtes à nos propres yeux, il importe de ne pas porter une casquette en pensant en porter une autre !

La casquette « écoute respectueuse » n'est pas impunément interchangeable avec celles des conseils bien intentionnés, des interventions éducatives, des avis personnels, des généralités sur la question, des interventions minimisantes ou des passages à l'action !

Ces autres casquettes, nous pouvons nous les poser sur le chef quand bon nous semble, du moment que nous restons conscients de notre choix d'intervention et de ses conséquences sur la relation.

Roue de secours : l'écoute silencieuse

Si le dialogue est difficile, si nous avons tendance à nous interrompre trop souvent, si nous nous crispons mutuellement, si notre partenaire a l'impression de ne pas arriver au bout de ses pensées parce que, même avec de bonnes intentions, il y a trop de coups de volant ou de frein, il existe encore une manière d'écouter assez curieuse, mais étonnamment efficace : l'écoute totalement silencieuse.

La règle consiste à nous taire complètement lorsque l'autre parle, à ne pas réagir, à ne pas lui poser la moindre question, ni aujourd'hui, ni plus tard. Le temps dévolu à l'expression est long, il peut durer quelques heures, une soirée par exemple. Le duo (couple, ou parent/enfant par exemple) convient d'un lieu et d'un moment, et de celui qui va s'exprimer. Cette fois-ci, il aura toute la place et l'autre ne parlera pas. Une autre fois, ce sera l'inverse, éventuellement.

L'intérêt de ce pacte de silence est qu'il calme toute velléité d'intervenir. Si nous écoutons silencieusement, nous apaisons le flot de pensées continues destinées à riposter, poser des questions, nier ce qui est dit, redresser une version des faits qui nous déplaît, etc. Nous n'avons rien à dire, donc nous écoutons profondément et calmement. Comme il n'est pas prévu que nous puissions répondre directement, ni plus tard, nous laissons décanter. Les idées percolent doucement. Les paroles qui comptent vraiment émergent et l'inutile s'estompe. Les questions qui se posaient trouvent parfois une réponse qui fleurit d'elle-même, sans que nous ayons eu à forcer.

La garantie que l'écoutant n'interviendra pas crée un cadre de parole très sécurisant. Tenu par la règle, nous écoutons comme jamais nous ne le faisons dans la vie courante, et petit à petit nous entrons dans l'univers de l'autre, nous découvrons des raisonnements que nous n'imaginions pas et nous commençons à en comprendre toute la subtilité. C'est vraiment une expérience surprenante !

Vous êtes maintenant, je l'espère, aptes à bien écouter. Mais arrivez-vous à bien vous exprimer ?

Chapitre 3

S'EXPRIMER

Chercher la composition, c'est s'approcher du vrai.
S'exprimer, c'est se rapprocher du beau.
Et il faut encore se souvenir
que ces deux opérations se font ensemble,
car le beau est un moyen d'approcher le vrai,
comme le vrai s'irradie naturellement dans le beau.
JEAN GUITTON

S'exprimer est un besoin vital. Individus sociaux, nous avons besoin d'être entendus et compris. Nous existons par nous-mêmes, certes, mais nous amplifions notre bonheur de vivre lorsque nous trouvons notre place au sein d'une relation. Nos proches apprennent à nous connaître et agissent en conséquence. Mais même sans oreille attentive, le simple fait de pouvoir nous exprimer est enrichissant. Nous mettons nos pensées en ordre, nous devons les traduire en paroles et en phrases cohérentes, et donc y mettre un peu de précision et de vérité.

Lorsque nous ruminons tout seuls dans notre coin, nous faisons les questions et les réponses, vivons les plaintes et les réconforts. Nous réécrivons l'histoire comme elle nous arrange, sans contradicteur. Nous pouvons nous leurrer longtemps en tournant en rond, alors que la mise en mots, *a fortiori* devant témoin, nous oblige à plus d'honnêteté. Si nous avons la tentation d'arranger la vérité à l'aune de nos besoins, nous percevons mieux le caractère tendancieux de notre rumination lorsque nous l'exprimons tout haut.

L'INTÉRÊT DE LA RUMINATION

Pourquoi ressasser ce qui fait mal ? Pourquoi tournons-nous en rond durant des heures et des jours, des semaines parfois, en repassant le film de nos soucis, et en les exagérant de surcroît ? Nous avons été peinés, quelqu'un nous a manqué de respect, nous vivons une situation d'injustice et hop, nous voilà plongés dans une marmite d'aigreurs et de revendications stériles, dont nous écoutons les litanies en boucle. Une peccadille prend des allures infernales, un souci qui aurait pu être résolu en discutant s'amplifie au point que nous ne voyons plus comment en sortir, bref, nous entretenons consciencieusement notre propre malheur.

Quel en est l'intérêt ? Aucun ? Si, il y a toujours un intérêt, souvent caché, à faire quelque chose qui ne nous fait aucun bien apparemment. Sinon, nous ne le ferions pas.

Le premier avantage que nous avons à nous coincer de la sorte est d'éviter de devoir faire l'effort de résoudre le problème. Nous n'abordons pas les choses en face, n'allons pas trouver l'interlocuteur qui nous cause des soucis, c'est plus facile de lui en vouloir seuls dans notre coin que d'aller le trouver. Cet intérêt-là n'est pas trop difficile à reconnaître.

Mais le second est moins conscient. Il est lié au constat que nous ne ruminons pas pour n'importe quoi. Seul un certain type de situations nous met dans cet état : celles qui réveillent nos vieilles blessures. En ne les comprenant pas et en ne les soignant pas, nous persistons dans nos croyances dépressives, telles que : « la vie n'est pas juste », « c'est toujours à moi que ça arrive », « les gens sont hypocrites, ils ne me respectent pas », « je n'y arriverai jamais », « je ne suis pas capable », « on ne m'aime pas », « je suis nul », etc.

En ruminant, nous augmentons notre malheur afin de rendre la résolution inatteignable et de la sorte nous évitons de devoir nous retrousser les manches pour nous atteler à rendre notre vie meilleure.

Mais en regardant les choses positivement, nous pouvons aussi prendre conscience du message, puisque nous l'exagérons tellement, et comprendre qu'il y a là quelque chose de douloureux que nous ferions mieux de résoudre plutôt que de le laisser nous torturer en douce régulièrement.

La verbalisation est le premier bienfait d'une thérapie. Face au thérapeute ou à quiconque écoute avec bienveillance et sans jugement, l'expression verbale impose de la clarté et de la sincérité.

Nous pouvons nous exprimer de diverses manières : par les actes, les arts, le corps, mais le mode d'expression que nous allons explorer est évidemment la parole. Elle est la plus habituelle, mais aussi la plus complexe et la plus malmenée. Nous avons appris « sur le tas », par essais et erreurs, et parfois assez mal, à l'utiliser.

Imaginons que nous en ayons gros sur le cœur, nous nous sentons tristes, embrouillés, incompris ou fâchés. Nous aimerions faire le point avec une personne importante à nos yeux, mais avec qui la relation est tendue ou se dégrade. Nous ne nous sentons pas respectés, nous avons l'impression qu'elle se moque de nous, joue avec nos nerfs ou avec notre cœur, nous éprouvons des sentiments d'injustice et de frustration mêlés, nous n'y voyons pas clair. Notre partenaire ne nous comprend pas, ne devine pas ce qui nous tourmente ou y réagit à contretemps. Nous avons besoin de clarifier, nous sentons que notre problème ne va pas se résoudre tout seul. Nous voulons expliquer ce qui se passe.

Alors, si nous n'avons pas appris à nous exprimer, nous nous laissons aller impulsivement et nous parlons d'un flot continu, avec humeur et exagération, parce que nous sommes sous pression.

Au contraire, si nous n'avons pas confiance en nous, nous devons prendre notre courage à deux mains pour quitter notre enfermement et les mots sortent au compte-gouttes.

Que ce soit aisé ou laborieux, ça ne marche pas toujours très bien ! Nous nous sentons maladroits, nous créons plus de tensions que nous n'en apaisons, nous n'arrivons pas à exprimer nos tourments, nous sommes mal compris, la situation s'envenime ou se tend, bref, c'est un échec.

Que se passe-t-il ? Pourquoi est-ce si difficile ?

Pourquoi nous exprimons-nous mal ?

Commençons par balayer devant notre porte et prenons un moment pour comprendre les dérapages créés par nos propres fonctionnements. Aussi paradoxal que cela puisse paraître, nous sommes parfois les artisans de nos propres difficultés. Ce que dénoncent ces petites formules qui nous font sourire, quand elles ne s'adressent pas à nous : se tirer une balle dans le pied, creuser sa propre tombe, scier la branche sur laquelle on est assis, etc. C'est-à-dire construire consciencieusement son propre malheur...

Non, nous ne voulons pas tomber dans cette ornière ! Examinons alors ce qu'il vaut mieux éviter de faire.

Les reproches, c'est moche !

Faire des reproches est une cause majeure de conflit dans les discussions problématiques. Les reproches font mal. Les critiques sont exagérées et blessantes. Les accusations dénigrantes et dévalorisantes. Reprocher, c'est accuser. Comme si nous avions raison et l'autre tort.

Attribuer la cause de ses problèmes à autrui est une tendance toute naturelle qui vient de l'enfance. En effet, le petit enfant n'a pas la capacité de gérer son environnement en fonction de ses besoins. Il subit sa vie, dans la mesure où il ne décide pas grand-chose. Ne pas tenir le gouvernail est normal à cet âge. On décide pour lui. S'il est contrarié, c'est souvent parce que ses parents, un enseignant, ou n'importe quelle « grande personne » qui a autorité sur lui, lui impose une situation qu'il est bien obligé d'accepter.

Qu'il soit né dans une famille conventionnelle ou plus atypique, tout enfant doit s'adapter aux fonctionnements de ses proches, à la maison, à l'école et en société. Il apprend que sa liberté n'est pas totale, il y a des règles, des limites et des interdits. On lui enseigne qu'il n'est pas seul au monde et qu'il doit tenir compte des autres. Il est amené à faire le deuil de sa toute-puissance. Ce n'est ni facile ni agréable, et cela engendre des frustrations et des colères légitimes.

FEU VERT, FEU ROUGE, FEU ORANGE

À deux ans, l'enfant marche et parle. Ces nouvelles fonctions stimulent son intelligence. Le contrôle de sa locomotion lui permet de se déplacer pour explorer son environnement et assouvir sa curiosité, tandis que le langage lui ouvre les portes de la communication et étanche sa soif intense de comprendre par de multiples « Pourquoi ? ».

L'accélération de son exploration du monde générée par ce double outillage lui permet de découvrir la dynamique de la relation. Ses parents limitent sa liberté et il en déduit que l'inverse est possible. Lui aussi peut imposer ou refuser. C'est l'âge du « Non ». Si on lui refuse certaines choses, lui aussi peut le faire. S'opposer et observer ce qui en découle est très intéressant. L'enfant s'exerce à ce petit jeu, en autorisant ou en refusant, pour voir l'effet que cela produit sur les autres. Il apprend également divers autres rouages de la relation : séduire, amadouer, insister, convaincre.

Découvrir l'influence qu'il a sur autrui est une aventure très excitante. Les parents, ne comprenant pas vraiment ce qui se joue autour de cet âge, répondent à la nouvelle autorité de leur bambin au gré de leur humeur ou de leur état de fatigue. Un jour, il arrive à obtenir ce qu'il veut, mais une autre fois c'est impossible. Parfois un parent interdit, mais l'autre autorise. Le défi en est d'autant plus complexe. Alors il s'y exerce autrement, essaye encore et encore, jusqu'à ce qu'il comprenne les règles de la relation.

Les parents sont souvent désemparés durant cette période. Ils ne savent pas toujours bien ce qu'ils doivent permettre et ce qui est interdit, et ne sont pas toujours d'accord entre eux. Pourtant, quelques accords simples les aideraient. Je propose le système feu vert, feu orange et feu rouge.

Feu vert représente les autorisations sur lesquelles père et mère sont d'accord. Cette zone offre un champ où l'enfant peut exercer sa liberté. Soit elle est commune à son groupe social, soit elle est spécifique à sa famille. Dans ce cas, il faut le lui expliquer. Par exemple : « Chez nous, tu peux faire des cabrioles dans le canapé. Mais ce n'est pas le cas chez tout le monde, donc tu regardes ce que les autres font lorsque tu es chez eux, et tu t'y conformes. »

Feu rouge représente les interdits déterminés par les deux parents. Ils se sont bien mis d'accord et l'enfant n'a pas la possibilité d'obtenir une autorisation en allant quémander chez l'autre parent. Grâce à ces limites stables, il apprend à accepter la frustration et la limitation de sa toute-puissance : le monde ne va pas s'adapter à lui, c'est lui qui doit s'adapter au monde. Les interdits peuvent être communs au groupe social ou spécifiques à la famille, et dans ce cas on le lui explique. « Il y a des familles où on peut entrer dans la maison avec ses chaussures, mais chez nous c'est interdit. Chez nous, on enlève ses chaussures en entrant et on met des chaussons. »

Feu orange représente la zone où il y a de la marge, de la négociation possible et des avis divergents. Père et mère peuvent y exprimer l'évidence normale qu'ils n'ont pas toujours le même avis sur les choses. On peut très bien dire à son enfant qu'en effet, Papa n'aime pas cela, mais que Maman est d'accord. Comme dans la vie normale, tout le monde n'a pas toujours le même avis. Cette zone est très importante parce qu'elle apprend à l'enfant qu'en s'y prenant bien, il peut gagner des combats. Il apprend à tester sa puissance, ses talents de négociateur, son charme, ses possibilités de convaincre et de gagner. Remporter un combat est jouissif et développe la conviction que, pour obtenir ce qu'on veut, il faut donner de soi. La vie n'est pas écrite en noir et blanc, en autorisé et interdit. Elle est pleine de zones de flou, de passages à découvrir et de solutions à construire, de personnes rigides et d'autres plus souples. C'est dans cette zone intermédiaire que l'enfant apprend tout cela.

S'il était naturel, lorsque nous étions enfant, d'attribuer la cause de nos frustrations aux autres, aujourd'hui, c'est fini ! Adultes, nous devons répondre de ce qui nous arrive. Cependant, l'automatisme est installé et il est tentant d'y avoir recours : quand nous sommes contrariés, nous commençons souvent par faire des reproches aux autres. C'est si bon d'avoir sous la main un coupable qui nous allège de notre responsabilité !

> – Tu aurais dû me dire que ça allait coûter si cher ! C'est dix fois trop ! Et puis tu sais bien que je n'aime pas ce genre de vacances !
> – Mais tu ne m'as rien demandé ! Tu étais d'accord !
> – Ce n'est pas vrai ! Tu fais toujours les choses à ta façon et puis tu me mets devant le fait accompli ! Tu décides à ma place !
> – Mais c'est complètement faux ! C'est toi qui ne t'intéresses pas à ce que je dis et puis tu critiques mes choix ! Tu es vraiment de mauvaise foi !

En général, l'impulsion de faire un reproche nous paraît logique, puisque ce qui nous heurte semble provenir des comportements de notre partenaire. Le reproche est le témoin de notre incessante envie qu'il corresponde à nos besoins. Il n'est pas là où nous l'espérons ? Reproche. Il agit d'une manière qui nous blesse ? Reproche. Il prend de la distance, ne nous informe pas de quelque chose qui nous paraît important, ne répond pas à nos questions, n'est pas disponible, n'aime pas ce que nous lui offrons ? Reproches en série...

Vu sous cet angle, cela a l'air un peu infantile, n'est-ce pas ?

Et qui plus est, nous sommes parfois tentés d'accuser la personne dans sa globalité, au lieu de pointer précisément le comportement dérangeant. On dira « tu es agressif » plus facilement que « cette phrase me blesse ».

Avec nos reproches, nous ne contribuons pas à créer de bonnes conditions de communication. Nous nous exprimons, certes, mais de manière accusatoire, ce que ne manque pas de noter l'interlocuteur, qui s'en défend comme il peut. Il conteste les accusations portées contre lui, et cela ne fait pas avancer la discussion vers une bonne compréhension de ce que chacun vit et souhaite. On assiste alors à un feu croisé de reproches et de réfutations qui nourrissent une escalade symétrique de plus en plus douloureuse et contre-productive.

Nous verrons au chapitre 4 comment supprimer les reproches et par quoi les remplacer.

La timidité

La peur d'ouvrir son cœur est une autre grande cause dans les difficultés d'expression. Dès qu'on s'exprime, on s'implique. On met un peu son âme à nu.

Si la vie nous a appris, durant l'enfance ou plus tard, combien il est risqué de se montrer sans défense, si nous nous sommes fait piéger, humilier ou ridiculiser, si nous n'avons pas bénéficié de l'écoute de nos parents et que nous nous sentions inintéressants, encombrants, voire stupides, nous avons peut-être développé des mécanismes de protection destinés à éviter le retour de ce danger potentiel.

Mais plus nous sommes barricadés, moins nous testons nos possibilités d'expression, même partielles et prudentes. Nous ne sommes pas responsables du pauvre état de notre caisse à outils qui date d'hier, mais avons le devoir de la garnir aujourd'hui d'outils véritablement performants.

Malheureusement, certaines personnes ont une triste propension à se mettre dans des situations qui confirment leurs convictions : malhabiles ou fragiles, elles s'expriment peu, sans prudence ou maladroitement, et en retour elles s'en trouvent d'autant plus vulnérables et convaincues qu'il vaut mieux se protéger. À peine entrouverte, la porte se referme...

Sans entraînement, on n'apprend pas. L'expression de soi, comme beaucoup d'apprentissages, passe par une période de rodage. On n'est pas doué du premier coup ! Il faut essayer, s'y reprendre autrement, observer les autres, tester des alternatives, et on s'améliore.

Les timides ont un tel manque de confiance en eux qu'ils n'essayent pas vraiment. Ils n'osent pas s'exprimer, persuadés que leur gaucherie naturelle va les rendre ridicules. La peur de parler, et plus encore en public, les tétanise, comme si le danger était réel.

S'ils tentent leur chance, ils sont tellement stressés qu'ils sont en effet parfois un peu malhabiles. Mais jamais ridicules. La peur du ridicule vient de l'enfance, de ces moments de grand désarroi où le petit s'est senti sujet de moqueries de la part de ses copains et parfois même de ses professeurs. Ce sont des instants de solitude vertigineuse, dont les cicatrices sont longues à disparaître.

Si nous avons assisté aux efforts d'un timide pour oser dire enfin ce qu'il a sur le cœur, jamais les adultes qui l'écoutent ne se moquent de lui comme ont pu le faire des enfants. Il peut arriver, au pire, qu'ils soient un peu agacés, mais souvent ils sont plutôt touchés et indulgents, se reconnaissant dans cette difficulté si humaine. Et si ce n'est pas le cas, s'ils ricanent, ils ne méritent pas que vous vous adressiez à eux, fuyez-les !

LES INTROVERTIS NE SONT PAS TOUS TIMIDES

Les timides ont peur. Ils le sentent et cette émotion les tétanise. Les introvertis sont prudents. Ils réfléchissent avant de parler. Ils n'estiment pas nécessaire de tout dire à tout moment. D'un naturel calme, ils attendent que le moment soit propice et qu'ils aient un certain intérêt à s'exprimer. Sinon, cela n'en vaut pas la peine.

Quand je fais porter mon désir par autrui

La timidité empêche également de formuler des demandes directes. Un peu gênées, les personnes qui manquent de confiance en elles ont recours à des tournures qui inversent la dynamique pour éviter d'assumer leur souhait. Souvent, cela prend un air charmant, c'est assez anodin et personne ne s'en rend compte.

> Louis travaille régulièrement sur mon chantier et j'apprécie beaucoup ses talents de charpentier. Nous avons une confiance et une sympathie mutuelles.
>
> Dernièrement, au milieu de la matinée, il me dit, d'un ton tout gentil : « La fois passée, j'avais fait du café, et c'était... heu... bienvenu. Heu... tu n'aurais pas envie d'en faire ? »

Cette manière indirecte de formuler sa demande comporte deux « zigzags » :

- D'une part, Louis commence par rappeler qu'il a déjà fait du café lui-même, ce qui peut signifier diverses choses : que maintenant c'est à mon tour ? Non, cela ne correspond pas à ce qu'il pense. Que c'est facile à faire, et que donc il ne me demande rien de bien compliqué ? Non, ce n'est pas ce qu'il veut dire. Ou qu'au contraire, il n'a pas la possibilité d'en faire aujourd'hui, mais que normalement c'est son rôle ? Non plus. En fait, je n'en sais rien. Cette petite introduction à sa demande génère une légère confusion. Une information dont je ne comprends pas le but.
- Ensuite, la demande elle-même est formulée d'une manière tortueuse : il me demande si *je* n'aurais pas envie de faire du café, alors qu'en fait c'est *lui* qui en a envie ! Cette tournure est commune, mais elle n'est pas insignifiante si on s'y arrête un instant : si je le prends au mot, c'est comme s'il me demandait si, par hasard, je n'aurais pas envie de faire du café mais que je ne le disais pas, comme si j'avais peut-être ce désir mais que je n'osais pas l'exprimer. Ce qui n'est évidemment pas le cas.

Les gens présentent ainsi leur demande parce qu'ils craignent de déranger. Ils n'imaginent pas que quelqu'un pourrait aimer répondre à leur désir et leur faire plaisir. Ils estiment ne pas en valoir la peine. Ils n'ont pas suffisamment d'estime personnelle sur le plan relationnel. Il faut alors qu'ils créent artificiellement des raisons, une logique, un argument, pour obtenir ce qu'ils souhaitent.

Alors que ce serait plus juste de dire : « Cela me ferait vraiment plaisir que tu me fasses un petit café. Tu veux bien ? » Quant à moi, je répondrais volontiers à son souhait. Quand une demande de ce type s'inscrit dans un lien de sympathie, il n'y a pas beaucoup de risques qu'elle soit refusée, d'autant qu'elle est somme toute assez simple. Mais surtout, et c'est peut-être cela qui échappe à Louis, faire plaisir fait plaisir ! Rendre un petit service agréable est un bénéfice autant pour celui qui le reçoit que pour celui qui le donne.

L'exemple du café est charmant et sans gravité, mais cette inversion de dynamique peut devenir exaspérante et même assez tordue.

Il arrive que des personnes m'écrivent pour obtenir une consultation. Normalement, lorsqu'on souhaite consulter un professionnel, c'est le demandeur qui sollicite un rendez-vous. Mais certains individus font l'inverse : ils me racontent leur difficulté par mail et terminent leur message en concluant : « Si mon cas vous intéresse, n'hésitez pas à me contacter, voici mon numéro de téléphone. » Cette projection de leur demande sur moi, si je l'acceptais, aurait des conséquences sur le rapport qui s'installerait ensuite entre eux et moi, parce qu'elle se baserait sur le présupposé que c'est moi qui aurais envie de connaître leur vie, alors que c'est eux qui ont besoin de me la raconter.

D'autres personnes parfois m'écrivent : « J'ai rédigé un texte ou un livre sur tel sujet (proche de mes préoccupations), peut-être auriez-vous envie de le lire... » Alors qu'il est clair que, là aussi, la dynamique du désir est inverse. Ces personnes devraient davantage dire : « J'ai envie de vous consulter », ou « J'aimerais que vous lisiez mes écrits et me donniez votre avis ». Une demande assumée amène une réponse claire, alors qu'une demande sinueuse suscite une méfiance qui contamine la relation.

Dans les petits détails du quotidien, les inversions du désir sont souvent anodines, proches de la formule de politesse, une gentille manière de demander un petit coup de pouce, sans plus. Mais dans le cadre d'une relation thérapeutique, elle ne convient pas, parce qu'elle crée une dynamique fausse. Le demandeur doit rester le demandeur, et le thérapeute ne doit pas entrer dans son jeu. Il en va de la qualité du travail qui s'ensuivra.

Entre ces deux extrêmes, se situent les histoires de tous les jours qui mériteraient qu'on essaye d'éviter ces inversions, parce qu'à la longue, elles sont véritablement agaçantes.

> La sœur de Mélanie lui laisse un message sur son répondeur : « J'ai eu un petit problème de santé. Si tu veux savoir, appelle-moi. »
>
> La relation entre les sœurs est tendue et Mélanie ne sait pas si ce coup de fil est nécessaire ou si elle va devoir subir, une fois de plus, les litanies plaintives de sa sœur. Ce serait plus juste de dire : « J'ai eu un petit problème de santé dont j'aimerais te parler. »

Apprenons à dire :

- Je souhaite...
- J'ai besoin de...
- Cela me ferait plaisir que tu...
- Je voudrais...
- J'ai envie...
- J'aimerais que...

Cela n'a rien de narcissique, n'en déplaise aux éducateurs qui nous ont appris le contraire, c'est juste une honnête manière d'assumer et d'exprimer nos désirs et nos besoins, sans plus.

Trop ou trop peu : défauts d'ajustement

Parfois, dans les familles nombreuses ou dans les bandes de copains, tout le monde parle en même temps. Et pour se faire entendre, pour attirer l'attention vers soi, le jeune exagère. Il truffe son discours de tous les « hyper-super-trop-toujours et jamais » qu'il a sous la main. Il lui faut un scoop pour qu'on l'écoute, une histoire « méga cool ». Sans cela, il a l'impression, à tort ou à raison, de ne pas être entendu. Il lui faut utiliser des mots excessifs, il « rajoute la TVA » à tout ce qu'il dit !

Cette habitude efficace ne le lâche plus et crée une difficulté dans ses capacités d'expression ultérieures : il doit apprendre à ajuster ses mots avec ce qu'il veut dire exactement. Parce que les exagérations intempestives découragent les écoutants, qui sentent bien que les propos manquent de sincérité. Ce n'est pas la vérité qui est exprimée, mais une version gonflée, excessive et totalement sans nuances. Le désir de convaincre est tangible, mais il repose sur un manque d'authenticité qui sonne faux et crée méfiance et éloignement. Ou qui impressionne, mais dans ce cas, cela n'amènera pas nécessairement une compréhension mutuelle juste et agréable.

De manière générale, même en dehors de la tendance à tout exagérer, c'est un exercice nécessaire et parfois ardu : nous devons apprendre à adapter le mieux possible nos mots à ce que nous cherchons à dire. Nos paroles doivent épouser au plus près les pensées que nous souhaitons formuler, comme un emballage sous-vide : par aspiration de l'air, le film plastique se rapproche de l'objet jusqu'à adhérer aux moindres reliefs. Nos mots, s'ils sont bien pesés, doivent en faire autant ! Nous en sommes d'autant mieux compris.

Une autre manière de polluer notre expression consiste à dire sans dire : sous-entendre, effleurer, suggérer. L'écoutant a l'impression d'une menace, mais elle n'est pas prononcée, et peut-être même n'existe-t-elle pas, mais l'effet menaçant est obtenu et la gêne occasionnée empêche notre écoutant de s'ouvrir complètement à ce que nous lui disons.

> Je ne suis pas sûr de pouvoir continuer à collaborer dans ces conditions.

Sûr ou pas sûr ? Dans quelles conditions ? Nous évoquons, mais nous n'affirmons pas. Ou nous affirmons, mais sans nuance ni précision. Nous disons quelque chose, mais que disons-nous exactement ? Nous suscitons la méfiance ou l'agacement. Ni l'un ni l'autre ne sont propices au dialogue ouvert.

NE MÉLANGEONS PAS TOUT !

On confond parfois la manipulation avec la stratégie, le chantage, le machiavélisme et d'autres formes de pression. Essayons d'y voir un peu plus clair.

Lorsqu'on évoque le comportement d'une personne qui, en toute lucidité et sans aucun scrupule, tire sur les ficelles pour obtenir ce qu'elle veut et calcule ses coups avec une habileté perfide, le terme machiavélisme est le plus adapté. C'est le fait d'un être calculateur, parfaitement conscient de ce qu'il fait, et qui en jouit, avec quelquefois une petite pointe de sadisme.

Le terme manipulation est parfois utilisé dans le cadre d'un diagnostic psychologique. Il serait plus juste, dans ce cas, de parler de perversion narcissique. Le pervers narcissique est un individu peu conscient de ses comportements sournois, de ses zones d'ombre et des dégâts qu'il occasionne. S'il jouit de l'emprise qu'il a sur sa victime, c'est d'une manière subconsciente qui relève plus du comportement de survie psychique. Cela le rassure. Il agit ainsi de façon assez instinctive, en particulier lorsqu'il se sent coincé. Il n'y voit aucun mal, parce qu'il se sent supérieur. Il ne s'agit pas de l'excuser, loin s'en faut, ce sont des comportements insupportables pour celui qui les subit, mais espérer une prise de conscience de sa part est un espoir assez vain tant qu'il n'a pas fait un bon bout de chemin thérapeutique, ce qui est rarement sa demande.

Quant à la stratégie, elle pourrait se définir comme un comportement intelligent, qui consiste à ne pas dévoiler d'emblée tout son jeu, dans un contexte où il n'y a rien dont on puisse avoir honte et dans un but qui ne nuit pas. Se présenter à un examen d'embauche, par exemple, relève souvent d'une stratégie où nous savons qu'il convient de nous montrer sous notre meilleur jour. Il ne s'agit pas d'une manipulation parce que le cadre est clair et les règles du jeu également. L'excellente plaidoirie d'un avocat honnête est un brillant exemple de stratégie, la déontologie agissant, on peut l'espérer, comme garde-fou.

Et qu'en est-il du chantage ? Il s'agit d'une pression morale exercée sur quelqu'un, par l'effet d'une menace comportant un aspect sournois, comme la révélation de faits dont il a honte. C'est un moyen perfide et peu honnête d'obtenir de l'autre quelque chose qu'il ne souhaite pas faire, quelque chose qui va le léser ou lui faire du tort. Extorquer de l'argent sous la menace de révélations d'adultère par exemple. Le chantage peut aussi s'exercer seulement par allusions, qui sous-entendent qu'on pourrait nuire à une autre personne.

C'est encore différent de la pression que nous pourrions exercer en toute transparence sur quelqu'un pour obtenir un résultat louable, dans le cadre de l'éducation d'un enfant par exemple, à qui nous promettons une récompense (ou une sanction) liée aux comportements attendus. C'est un deal, un contrat, assez basique parfois, mais qui ne comporte aucun caractère nuisible ou sournois.

La différence entre les comportements de pouvoir pervers et les autres, c'est par exemple leur caractère fourbe, non assumé, perfide ou honteux. Quelqu'un qui exerce un pouvoir sain, dans le cadre d'une hiérarchie professionnelle ou entre parents et enfants, quelqu'un qui plaide une cause ou qui fait preuve d'une fine stratégie, n'aura pas de mal à s'expliquer sur ses fonctionnements, parce que même si tout n'est pas dévoilé, rien n'est suspect et à cacher pour autant.

Comment l'écoutant nous empêche de nous exprimer

« J'ai essayé de lui dire, mais avec lui, il n'y a jamais moyen de parler ! » Qui sont ces gens avec qui « il n'y a jamais moyen de parler » ? Comment s'y prennent-ils pour nous empêcher de nous exprimer ? Est-ce nécessairement intentionnel ?

Pas disponibles

Si nous nous adressons à celui à qui nous avons envie de parler au moment où notre besoin s'impose, nous ne sommes pas assurés qu'il soit disponible. Ces tentatives quelque peu intempestives sont le signe d'un désir, voire d'une exigence, qui couve depuis un certain temps. Mais cette nécessité est la nôtre, pas nécessairement la sienne. Nous y pensons, nous ruminons, nous nous sentons sous pression et, finalement, nous abordons le sujet au moment où cela nous arrange. L'interlocuteur n'est pas demandeur et n'a pas nécessairement envie d'écouter ce que nous avons à lui dire. Si nous nous exprimons sans nous préoccuper de sa disponibilité, les circonstances ne sont pas très favorables pour bénéficier d'une écoute attentive. Cependant, cette manière maladroite de s'y prendre est loin d'être rare, comme si aller à l'échec faisait partie d'une stratégie, bien inconsciente probablement, qui permet de continuer à affirmer « qu'avec lui, il n'y a jamais moyen de parler ! » Évidemment, si nous lui sautons dessus entre deux portes, nous augmentons la probabilité de pouvoir maintenir cette conviction.

- « Chéri, il faut que je te parle », dit cette épouse, excédée, à son mari au moment où il enfile ses chaussures de sport pour aller faire son footing.
- Juste après le départ du contrôleur fiscal, le fils du patron d'une entreprise familiale en difficulté sollicite son père afin de savoir s'il aura droit à un poste de direction.
- Un adolescent qui veut négocier une permission de sortie harcèle sa mère alors qu'elle se met à préparer le dîner.
- Quelques minutes avant la fin de la séance, un patient entame un thème particulièrement sensible avec son psychothérapeute.
- Après avoir bavardé durant plus d'une heure au téléphone avec son amie, une femme sollicite son aide au moment où elle s'apprête à raccrocher.
- Un frère aborde des problèmes familiaux chez le notaire juste avant de signer un acte de vente.
- Pour s'épancher sur ses soucis conjugaux, un père appelle sa fille, mère de trois jeunes enfants, à l'heure des devoirs, du bain et de la soupe.

Elle est longue la liste de ceux qui ne semblent pas pouvoir accorder leur désir de s'exprimer aux contraintes de la vie d'autrui. Ce fonctionnement entretient l'échec de la communication et la plainte qui s'ensuit...

Malheureusement, malgré notre sollicitude et notre vigilance quant à leur disponibilité, certaines personnes semblent ne jamais être disposées à écouter. Elles n'aiment pas être dérangées, ni dans leur emploi du temps ni dans leurs convictions, et l'écoute n'est pas leur fort.

Un certain type d'hommes (pas tous, Messieurs, pas tous !) ont été élevés d'une manière telle qu'ils n'ont jamais appris à écouter. Probablement n'ont-ils jamais été écoutés non plus. Ils ont été préparés à endosser le rôle traditionnel des hommes : trouver des solutions aux problèmes et agir. Ils sont destinés à être chefs de famille en tout cas, mais aussi chefs d'équipe, ou chefs d'entreprise. Face au souci qui leur est exposé, s'ils n'ont pas un rôle actif à jouer, ils se sentent impuissants et inutiles. Ils se désintéressent alors du problème. Écouter « pour écouter » est hors de leur cadre de référence. Ils n'y voient aucun sens. Lorsque quelqu'un en difficulté se confie à eux, s'ils ne peuvent aider concrètement, ils préfèrent couper court en raison de leur incapacité à agir.

> Ça ne sert à rien d'en parler, je ne peux rien y faire. Qu'est-ce que tu veux que j'y fasse ? C'est comme ça, alors autant ne plus y penser et passer à autre chose.

Ils ne comprennent pas – et n'ont jamais eu le bonheur de le découvrir pour eux-mêmes – que s'exprimer est intéressant en soi, même si cela ne débouche pas sur une solution. L'expression de notre monde intérieur nous rapproche, nous permet de mieux nous comprendre, de créer une certaine intimité, toutes choses qu'ils ne connaissent probablement pas. C'est dommage. Mais, avec de la patience, cela s'apprend.

Il ne m'écoute pas, affiche une mine ennuyée, fait mine de...

Pires sont les gens qui semblent écouter, mais dont l'attention est superficielle. Leurs oreilles sont ouvertes, mais pas leur esprit, et encore moins leur cœur. Nos paroles tombent au fond d'un puits. Pas de réaction. On dirait qu'ils attendent, sans grand intérêt, avec condescendance parfois, que nous ayons fini de parler. Lorsque nous arrivons au bout d'une phrase, ils prennent une autre direction. Ils parlent de tout autre chose. Apparemment, ils n'accordent pas d'importance à nos propos, alors qu'ils semblent les avoir écoutés.

Cette attitude est très troublante, parce qu'elle est méprisante, même si cela n'est pas clairement exprimé, ce qui sème le doute dans notre esprit. Est-ce nous qui sommes inintéressants ? Avons-nous été trop longs ? Pourtant la personne nous avait posé une question, elle nous avait invités à nous exprimer. D'où vient cette impression que tout tombe à l'eau ? Nous nous sentons un peu transparents, maladroits, amoindris... Subtile manipulation, pas nécessairement consciente, de la part de l'interlocuteur. Il établit une sorte de hiérarchie relationnelle et, sans le dire clairement, il indique que nous n'avons pas beaucoup d'importance à ses yeux.

Antoine et Fanny entrent dans mon cabinet pour une consultation de couple. Fanny s'exprime d'emblée, les yeux pleins de larmes. Leur couple part à la dérive, dit-elle, elle a tout le temps l'impression de ne pas être à la hauteur des attentes de son mari. Bien sûr, poursuit-elle, elle n'a pas fait de hautes études et ne peut prétendre à des fonctions professionnelles rémunératrices, c'est pourquoi ils ont décidé ensemble qu'elle resterait à la maison pour élever les enfants, mais maintenant, elle doute de ce choix, elle sent qu'elle manque d'intérêt aux yeux de son conjoint. Il ne manifeste plus d'affection à son égard, il est de plus en plus distant, il a même oublié l'anniversaire de leur mariage. Ses paroles sont accompagnées de beaucoup d'émotion, elle n'est pas sûre d'elle, se tord les mains et pleure beaucoup.

Son mari écoute paisiblement. Il ne la contredit pas, mais son calme semble manifester qu'il n'accorde pas beaucoup d'importance aux paroles de son épouse et encore moins à sa détresse. Lorsque je me tourne vers lui, il expose en deux mots ses responsabilités professionnelles, la lourde charge de faire vivre sa famille et son entreprise, et son désir, lorsqu'il rentre à la maison, de trouver une épouse disponible, détendue et reconnaissante d'avoir un mari qui assume largement sa part. Il ne se montre pas concerné par autre chose. Il a parlé, me regarde calmement et attend mon verdict.

Seuls les faits comptent. L'émotion, c'est une perte de temps. Un univers qu'il ne connaît pas. Ou qui lui fait peur... Si je ne veux pas que mes paroles tombent, elles aussi, au fond d'un puits, il va me falloir faire preuve d'un mélange d'habileté et d'audace qui va le toucher là où il ne s'y attend pas. Je le félicite pour son sens des responsabilités, ce qui le surprend, et pour la maîtrise avec laquelle il contrôle sa sensibilité. « Vous êtes un faux dur », lui dis-je, le plus gentiment possible, avec une petite pointe de doute interrogatif. Il me regarde longuement. J'ai fait mouche, et je sais que son blindage va s'assouplir au fil des séances.

Rire ou mourir

Certains individus sont agréablement accueillants lorsqu'on les rencontre, ils semblent ouverts à la conversation, mais nous n'arrivons cependant jamais à avoir un dialogue quelque peu consistant avec eux. Ils coupent la parole, réagissent à nos propos beaucoup trop vite, sans les avoir véritablement écoutés. Ils sont pourtant sympathiques et amicaux, d'un caractère plutôt enjoué et cordial. Ils adorent être entourés et faire rire la galerie. L'humour est leur tournure d'esprit permanente. Leur compagnie n'est pas désagréable, bien au contraire, on aime les avoir à sa table, avec eux l'ambiance est assurée. Ce sont apparemment des gens qui ont beaucoup d'amis. Des amis, vraiment ? Non, peut-être que ce ne sont que des connaissances, des admirateurs, un entourage social qui se renouvelle souvent, mais pas de véritables amis.

Parce que, malgré leur bonne humeur, il leur semble impossible de poursuivre une idée en l'approfondissant un tant soit peu. Ils tournent tout en dérision, même les sujets pour lesquels un peu de sérieux ne nuirait pas.

Ils ne sont que pirouettes et jeux de mots. On aurait envie de les coincer sur une chaise et de leur dire : « Et maintenant, tais-toi, et écoute ! Non seulement avec tes oreilles, mais aussi avec ton cerveau, et ton cœur ! » Mais le comprendraient-ils ? Sont-ils capables eux-mêmes d'exprimer ce qui les habite ? Ont-ils jamais été écoutés ?

Dès l'enfance, ils ont appris à faire rire. Leur premier public a été leurs parents, qui ont valorisé ce joyeux caractère, mais c'est surtout à l'école que ce talent s'est développé. Le milieu scolaire est un terrain où la compétition ne s'exerce pas uniquement avec de bons résultats. Être chef de bande ou avoir beaucoup de copains est aussi un moyen de se distinguer, qui vient parfois bien à propos lorsque les notes scolaires ne sont pas brillantes. Pour être apprécié du plus grand nombre, l'humour est un moyen imparable ! Tout le monde aime rire, et particulièrement les enfants. Un caractère facétieux et l'admiration des copains forment un cocktail efficace pour avoir un succès dont il devient vite difficile de se passer.

Leur stratégie consistant à faire rire, ils minimisent ce qui dérange ou ce qui blesse, autant chez eux que chez les autres. Ils ironisent sur leurs propres sentiments, refoulent leurs émotions, autant la colère que la tristesse, et ont bien du mal à les sentir et à les comprendre chez autrui. Quand ils sont émus ou bouleversés, ils préfèrent s'étourdir, se distraire ou se défouler.

Au fil du temps, ce rôle de boute-en-train devient leur seule manière d'obtenir de l'attention et ils s'y enferment involontairement. Que se passerait-il s'ils cessaient de faire le pitre ? Les aimerait-on encore ? Qu'apprécierait-on chez eux s'ils quittaient ce rôle d'amuseur public ? Leur construction psychique repose sur un système adopté pour se sentir aimé. Par leur sens du comique, ils ont du succès, mais pour autant ils ne sont pas vraiment heureux. Tellement peu parfois que la dépression les guette, l'angoisse ou l'épuisement aussi, et parfois même le suicide. La mort peut paraître plus tentante que la tricherie dans laquelle ils sont enfermés ou le risque d'en sortir. Ce sont donc des personnes qui ont bien besoin d'être écoutées, mais ce n'est pas facile de se glisser dans les failles de leur cuirasse de clown triste.

Il me contredit, se fait l'avocat du diable

« Résister pour exister » pourrait être la devise de ces contradicteurs systématiques. L'impression qui se dégage de ces personnes est qu'elles ne peuvent rien accepter sans contredire. Écouter et approuver leur sont impossibles, c'est comme si elles en perdaient leur âme. Leur réaction consiste à contester de prime abord, avant même de réfléchir, dirait-on. Elles semblent ne voir que le verre à moitié vide, la face sombre, les défauts et les inexactitudes. Elles n'écoutent pas nos propos dans leur globalité et n'attendent pas de voir vers où nous souhaitons aller. Elles freinent immédiatement, comme si elles ne pouvaient pas se laisser pénétrer par une idée différente de la leur. Pour éviter ce risque, elles prennent le contrepied systématiquement. Elles se font l'avocat du diable. Elles font l'inventaire de tout ce qui démontre que notre proposition ne tient pas debout, que notre idée est fragile, que notre vision des choses contient des points faibles.

Or, notre récit n'est pas nécessairement parfait lorsque nous nous exprimons, nous pouvons partager une idée qui n'est pas encore tout à fait aboutie. Il ne sert à rien de n'en regarder que les fragilités. Cette manière contrariante de focaliser sur les faiblesses et les défauts a pour effet de freiner notre envie de parler, parce que nous ne nous sentons pas bien reçus, mais aussi parce que nous devons surmonter ces bâtons dans les roues et lutter pour poursuivre. C'est fatigant, et ça n'avance pas vite ! Et à force de s'expliquer, voire de se battre pour se faire entendre, on se décourage...

Nous avons chacun une sensibilité particulière qui nous rend plus vulnérables face à certains types de personnes. D'autres raisons et d'autres modes de fonctionnement peuvent nous empêcher de nous exprimer. Nous avons fait le tour des plus fréquentes, voyons maintenant comment nous y prendre pour nous exprimer avec plus de justesse.

Manuel d'expression claire, même par temps brumeux

Nous avons appris à parler dès l'âge d'un an ou deux. Ensuite, nous avons affiné notre prononciation et élargi notre vocabulaire. Nous connaissons l'argot et les expressions idiomatiques, nous sommes familiers avec les tournures contemporaines, nous avons acquis un sérieux lexique professionnel, nous osons enfin parler en public, mais malgré tous ces progrès, nous

nous sentons encore bien maladroits dans le domaine du dialogue affectif. Nous perdons nos moyens lorsqu'il s'agit d'exprimer ce qui nous tourmente dans le cadre d'une relation émotionnellement chargée. Aussi longtemps que nous demeurons sur un territoire « froid », tout va bien, mais sur le terrain du cœur, c'est infiniment plus impliquant, et diablement difficile.

Comment arriver à exprimer exactement ce qui nous préoccupe, sans gâcher la relation, sans blesser ni vexer, et en se donnant un maximum de chances d'être entendus comme nous le souhaitons et d'aboutir à une amélioration de la situation ?

Petite méthode simple pour ne pas dire n'importe quoi

La plupart du temps, nous parlons spontanément, sans faire réellement attention à la manière dont nous disons les choses. Mais pour régler un problème ou clarifier une situation tendue, nous devrions peser nos mots et accorder notre attention à l'enjeu. Une petite technique peut nous y aider, je l'appelle les niveaux d'attention 0, 1 et 2.

• Niveau 0

Lorsque nous nous exprimons sans trop réfléchir, dans une situation de bavardage paisible par exemple, nous laissons les mots couler sans aucune attention particulière (c'est-à-dire zéro attention). Nous parlons « comme ça vient », nous mettons le son sur nos pensées. Nous devisons tout simplement, nous papotons agréablement. La libre expression sans contrainte est le registre le plus fréquent de la conversation. Il ne poursuit aucun but particulier, et crée simplement un lien par la parole entre deux ou plusieurs personnes.

Cependant, pour résoudre des soucis, exprimer une demande difficile ou intervenir dans une réunion sérieuse, cela ne suffit pas. Si nous nous lançons dans une mise au point, par exemple, sans réfléchir à nos paroles, celles-ci peuvent vite dépasser nos pensées et nous amener à prononcer des phrases dures ou excessives, que nous regretterons peut-être ensuite ou qui laisseront une trace indélébile dans la relation.

Sans attention à ce que nous disons, nous partirons facilement vers les reproches et nous accuserons notre interlocuteur d'être à l'origine de notre difficulté.

Dans le cas où nous aimerions aider quelqu'un, si nous ne réfléchissons pas pour choisir nos mots et progresser intelligemment, nous pouvons devenir intrusifs ou donneurs de leçon, et transformer notre bonne intention en jugement.

On observe souvent des interventions de type 0 dans les conversations de groupe et dans les réunions informelles. Chacun y va de son idée, qui est jetée dans la mêlée, au petit bonheur la chance. Ça part un peu dans tous les sens et ce n'est pas vraiment efficace.

• **Niveau 1**

Lorsque nous souhaitons apaiser ce qui nous tourmente, il est nécessaire de clarifier nos pensées. Si nous devons aborder un sujet difficile, nous devons d'abord bien cerner ce qui nous préoccupe. Pour progresser dans la construction d'une décision commune, nous devons réfléchir en amont à ce que nous souhaitons dire ou demander. Nous portons alors très attentivement notre attention sur ce qui nous habite. Nous sommes concentrés sur une personne (niveau 1) : nous-mêmes. Nous réfléchissons, nous sommes centrés sur notre monde intérieur : « Quelles sont les pensées qui me tournent dans la tête ? Qu'est-ce qui me préoccupe ? Qu'est-ce que je veux vraiment ? Quelle est mon intention ? Mon désir ? Comment vais-je m'y prendre ? »

Nous avons absolument besoin de passer par ce niveau de réflexion dès que la communication porte sur un sujet quelque peu complexe. Il nous permet d'organiser nos pensées, de déterminer ce qui compte vraiment, ce qui nous touche, ou la teneur de notre besoin. Mais pour passer de l'intention qui nous habite au résultat que nous souhaitons atteindre, ce niveau 1 ne suffit pas pour parachever l'expression.

• **Niveau 2**

Notre préoccupation est clarifiée, mais nous allons nous exprimer dans le cadre d'une relation singulière, dans un contexte émotionnel spécifique. Nous ne parlons pas de la même manière avec tout le monde, chaque personne a sa sensibilité et son caractère, et elle percevra nos paroles en fonction de ce qu'elle est. Si au niveau 1 la question qui a guidé nos réflexions était globalement : « Qu'est-ce que je veux dire exactement ? », maintenant nous parlons à quelqu'un de particulier et la question devient : « Comment m'y prendre pour me faire comprendre de cette personne-là comme je le souhaite ? » Si nous nous trouvons dans une réunion de groupe et que nous avons un but particulier en tête, nous devons bien peser nos mots en fonction de tous les éléments dont nous avons connaissance et décider exactement ce que nous allons dire et comment nous allons l'exprimer pour augmenter nos chances d'obtenir l'effet souhaité.

Nous ne nous contentons plus de suivre notre intention, nous cherchons à atteindre un certain résultat. Nous ne sommes plus attentifs uniquement à nous-mêmes et à nos pensées (niveau 1), mais à deux personnes : nous et notre interlocuteur. Non seulement nous endossons la responsabilité de nos paroles, mais également celle de leurs conséquences. Nous rassemblons tout ce que nous savons sur cette personne, son désir de nous entendre ou non, ce que nos paroles vont générer dans son esprit, les émotions qu'elles vont éveiller, les réactions que nous pouvons anticiper, comment nous allons y réagir, etc. Cette préméditation est également valable si nous sommes face à un groupe, évidemment.

Si j'illustre ces trois niveaux d'attention par les diverses manières d'ouvrir une porte fermée à clé, le niveau 0 correspond à l'impulsivité d'une personne qui tambourine, secoue, pleurniche ou s'appuie contre la porte. Le niveau 1 illustre ce que ferait un individu qui parle debout devant la porte ou qui essaye sans beaucoup de succès de faire passer un message sous la porte, alors que le niveau 2 est le comportement de celui qui conçoit la clé qui va ouvrir la porte. Il ne se contente pas de chercher une clé, il la fabrique, ouvre la porte avec circonspection et s'exprime clairement dans la langue de celui qu'il rencontre.

Parler dans une langue intelligible est utilisé ici sur le plan symbolique, pas sur le plan linguistique. Comme nous le faisons lorsque nous nous adressons à un enfant ou à quelqu'un qui ne parle pas bien notre langue : nous utilisons des mots de premier niveau, une syntaxe simple, et nous parlons lentement, afin d'être compris. Symboliquement, c'est ce que nous devrions faire chaque fois que nous cherchons à être compris d'une personne particulière : adapter notre langage, non seulement à sa culture et à son âge, ce qui est le plus facile, mais surtout à sa sensibilité, à ses émotions, mais par-dessus tout au but que nous voulons atteindre.

L'image de la porte à ouvrir est lourde de sens parce qu'elle engage la responsabilité de l'expéditeur du message, non seulement quant au contenu du propos lui-même, mais également en ce qui concerne les conséquences que ses paroles vont entraîner. Et les conséquences des conséquences... On ne jette pas un message dans la direction de l'autre et « après moi le déluge » !

Nous devons assumer nos paroles et les traces qu'elles laisseront, quelles qu'elles soient.

Comme nous sommes responsables de tout ce que nous faisons, ou ne faisons pas, nous sommes également responsables de tout ce que nous disons, ou ne disons pas. Omettre de dire quelque chose peut avoir des conséquences heureuses ou néfastes, tout comme peuvent en avoir les paroles exprimées. Nous en sommes largement responsables.

Le joueur qui lance sa balle à son coéquipier est tout aussi responsable de la justesse de son tir que l'est celui qui la réceptionne, selon la manière dont il l'attrape et ce qu'il en fait ensuite. De la collaboration des deux dépendra le succès du match. Il est évident que si le premier lance une balle à un partenaire distrait, le point est perdu, mais le lanceur est tout aussi responsable d'avoir joué quand l'autre ne regardait pas, que ce dernier d'avoir été inattentif... L'échec est partagé.

Quel est le but visé ?

Le choix de ce que nous allons dire, et comment le dire, est complexe mais essentiel. C'est vraiment là qu'on voit la différence entre un débat qui est destiné à apaiser le conflit, par exemple, et celui qui transforme un différend en dispute.

La question du but visé peut se poser à propos de n'importe quel type d'intervention : par exemple dans le choix éditorial d'un journal télévisé, d'une émission ou d'un reportage : pourquoi le rédacteur en chef choisit-il de développer un sujet plus qu'un autre ? Pourquoi, par exemple, des scènes de drames repassent-elles en boucle après un accident ou un attentat ? Quelle est l'intention ? Rassurer la population ? J'ai des doutes...

Dans le cadre d'une réunion de groupe destinée à faire avancer un projet, certaines personnes interviennent à tort et à travers. Elles critiquent les idées émises, par exemple, mais sans proposer d'alternatives. À quoi ça sert ? Cela démontre qu'elles sont vigilantes, certes, mais elles découragent et parfois vexent ceux qui ont proposé quelque chose d'imparfait.

Je fais souvent cette observation et parfois j'aimerais poser la question : « Dans quel but critiquez-vous ? Quel résultat espérez-vous obtenir ? » La critique sans proposition alternative n'a pas vraiment d'objectif, c'est juste l'expression irréfléchie de sa propre opinion ou frustration. On donne son avis, sans plus. Avec un peu plus de réflexion, on pourrait prendre conscience que ces propos ont un effet. Cet effet est toujours nocif. Certes, il fédère les mécontents, et c'est peut-être son seul attrait : ils pourront râler ensemble, et se sentir moins seuls... Mais pour les autres, ces vaines critiques sur l'état du monde et ses multiples facettes ne servent qu'à miner le moral et entretenir la morosité ambiante.

Sur un plan interpersonnel, quel but visons-nous en exprimant un jugement critique lorsqu'une décision est déjà prise, ou un acte accompli ? Quelle est l'intention de cette mère, par exemple, lorsqu'elle critique le choix amoureux de sa fille ? Celle-ci va-t-elle quitter son compagnon pour donner raison à sa mère ? Ou cela va-t-il juste ternir les relations entre elles, ou l'ambiance dans le couple ? Pourquoi mettre en question le prénom d'un nouveau-né lorsque les parents ont fait leur choix et que l'enfant est inscrit à l'état civil ? Pourquoi désapprouver les choix esthétiques d'un ami dans l'aménagement de sa nouvelle maison ? À quoi servent ces paroles, si ce n'est à assombrir le bonheur de l'autre ?

> – Mais j'ai quand même le droit de dire ce que je pense !
> – Oui, oui, vous en avez le droit. Il ne s'agit pas de renier vos droits, ni de vous censurer, mais de savoir le but que vous poursuivez.
> – Mais je ne poursuis aucun but particulier, je donne mon avis, c'est tout ! C'est mon droit, quand même !
> – Effectivement, vous ne poursuivez aucun but. Vous lancez la flèche sans viser quoi que ce soit, et donc vous ne vous souciez pas de sa cible.
> – Heu... Heu... C'est un peu vite dit ! Je ne peux quand même pas réfléchir à chaque mot que je prononce !
> – Non, pas à chaque mot, mais à ceux qui comptent...
> – Mais alors je perds toute spontanéité ?
> – Parfois oui, parfois non. La spontanéité n'est pas toujours un bon guide...
> – Mais si je dois peser tous mes mots, je ne suis plus moi-même !
> – Mais si, vous resterez toujours vous-même, mais avec quelques nuances en plus. Et peut-être quelques échecs en moins.

Mais comment savoir, alors, ce qu'il faut dire ? Ce n'était déjà pas simple de réfléchir au sens de nos paroles, mais maintenant il faudrait encore savoir pourquoi on les dit ? Comment s'y prendre ? Comment savoir, dans la complexité de tout ce qui nous passe par la tête, ce qu'il est judicieux de dire ou de taire, et comment, et pourquoi ?

La complexité du choix

Nous disposons de repères pour décider de ce que nous allons privilégier dans nos propos. Différents niveaux de maturité sous-tendent nos prises de position. Au cours de notre développement moral, nous utilisons des critères de plus en plus adultes. Au fil des années, si nous évoluons bien, ils se superposent les uns aux autres et nous devons apprendre à en user conjointement et à bon escient. Plus la situation est complexe, plus elle englobe ces différents niveaux de référence. Notre réflexion n'en est que plus élaborée.

• 1er repère : le plaisir

Le premier repère est le plaisir. Le plaisir que nous ressentons lorsque nous faisons ou disons quelque chose de bien. Cette référence est la première que nous apprenons au début de notre vie.

Le bébé sent avec son corps ce qui est bon pour lui, cela lui fait plaisir. Son corps frétille, il rit, il est heureux. Il ressent également du plaisir lorsque ses parents approuvent ce qu'il manifeste. Leur soutien et leur approbation lui font du bien. Le plaisir est son unique critère de bonheur. Il ne fait pas les choses pour plaire ou parce qu'elles lui sont utiles. Il n'a pas encore le sens des responsabilités, tout cela viendra plus tard.

S'il ressent un déplaisir, c'est également son corps qui le renseigne sur ce qui est mauvais. C'est inconfortable, douloureux ou interdit par les parents, ils se fâchent, cela le peine et donc nuit à son bonheur.

Le plaisir et le déplaisir restent des repères premiers toute notre vie. Dans ce registre aussi élémentaire qu'essentiel, notre corps nous dira toujours ce qui est bon ou mauvais pour nous. Notre corps est notre première boussole. Mais notez qu'elle est interne, elle nous est propre. Le plaisir est un critère nécessaire mais égocentré.

Certaines personnes s'en contentent toute leur vie, sans jamais intégrer d'autre repère. Elles font et disent ce qu'elles aiment, comme elles veulent et quand elles veulent, et basta ! Elles disent : « C'est comme ça, c'est mon caractère, et qui m'aime me suive. »

Comme les jeunes enfants, et malgré un âge qui devrait leur permettre de regarder un peu plus loin que le bout de leur nez, le plaisir est leur seul critère pour décider de faire ou non certaines choses, comme d'exprimer leur pensée ou de la taire. Parfois, pour des cas simples, c'est très juste, mais lorsque la situation devient complexe et qu'elle concerne une relation avec un être important qui a une vision du monde divergente, c'est un peu court.

Selon les niveaux d'attention 0-1-2, elles se situent automatiquement au niveau 0.

• 2e repère : l'intérêt

Plus tard, lorsque nous sommes entrés à l'école, nous n'avons plus pu diriger notre vie avec notre plaisir comme unique repère. Nous avons dû intégrer ce qui était utile et nécessaire. Nous avons appris à soigner notre intérêt, même si cela ne nous faisait pas vraiment plaisir. Nous comprenions que l'effort nous permettait de poursuivre un objectif qui n'était plus instantanément rentable. Nous avons découvert qu'il était intéressant de nous projeter dans le futur et d'adopter des stratégies de progression, afin de viser un résultat à moyen ou long terme. Cette étape de notre croissance est arrivée à point nommé pour nous aider à admettre, par exemple, qu'il valait mieux faire nos devoirs avant d'aller jouer, ou qu'étudier nous permettrait d'aller plus loin dans notre future carrière et dans la construction d'un certain type de vie. Nous avions intérêt à connaître nos leçons, c'était utile et cela générait une forme de satisfaction, différente du plaisir hédonique du premier âge, mais qui constituait cependant un bon repère. À cet âge, la notion de bonheur n'est plus toujours liée au plaisir immédiat, elle se nuance de la notion de « travail bien fait ».

Même si c'est loin de représenter ce dont vous vous souvenez, c'est durant ces années-là que ces repères entrent en lice. Nous les intégrons en passant par des essais et des erreurs, et ils commencent à prendre sens. Normalement, si tout va bien, l'enfant, entre 6 et 12 ans environ, apprend à jongler avec le plaisir et l'utilité.

À l'âge adulte, certaines personnes n'ont toujours que leurs propres intérêts comme repère. Leur enfance a très probablement ancré cette conviction : seul ce qui leur est utile a de l'importance. Cette empreinte forme les opportunistes, et en partie aussi les manipulateurs. Ils disent et font ce qui sert seulement leurs besoins sans beaucoup d'autres soucis. C'est excessif, même un peu tordu parfois. Ce n'est certainement pas suffisant pour devenir un adulte équilibré et respectueusement en lien avec les gens qu'il aime ou qu'il choisit de côtoyer.

Aujourd'hui, le plaisir que nous avons à dire ou à taire quelque chose, ainsi que l'utilité ou l'inutilité de nos propos, devraient nous servir de repères lorsque nous nous exprimons. Mais, comme ces critères restent égocentrés, ce n'est pas encore suffisant. Il est temps d'apprendre toute la complexité de la relation.

• 3e repère : le lien

Après l'enfance, l'adolescence : l'âge tribal ! Le lien aux autres devient un repère fondamental, autant sous forme de satisfaction si le jeune est intégré dans sa bande, que dans la dépression s'il ne l'est pas. C'est à cet âge que nous accordons une importance parfois démesurée au besoin d'être appréciés de nos pairs. L'ado est capable de faire ou de dire des choses qui ne lui font pas vraiment plaisir, qui ne servent pas particulièrement ses intérêts, mais qui vont faire de lui un membre du clan.

C'est la source de la solidarité, de la fraternité, de l'entraide, du sacrifice, mais aussi du conformisme et du « qu'en dira-t-on » : l'autre devient le repère. En bien ou en mal. Pour le jeune, savoir qu'il est apprécié de ceux qui comptent est le troisième guide, à intégrer aux deux premiers. Déplaire aux autres (à ses parents par exemple) est tout aussi important. Créer ou défaire des liens devient obsédant.

Arrivés à ce stade, les adultes en herbe sont censés se débrouiller dans un certain nombre de situations relativement complexes, qui demandent de tenir compte des trois critères. Avoir du plaisir, soigner ses intérêts et rester en relation avec les autres va demander une sérieuse réflexion. Que dire ? Et comment ?

• 4e repère : la responsabilité

Nous y voilà. À l'âge adulte, ce qui compte (ou devrait compter…) c'est de devenir responsables de notre vie et de ce qui la constitue. Responsables de nos choix et de nos engagements. Responsables de respecter les règles et les lois auxquelles nous décidons d'adhérer et qui forment le tissu sociétal dans lequel nous nous insérons et dont nous profitons, ou de les enfreindre si c'est notre décision, mais d'en assumer alors les conséquences. Responsables des actes que nous commettons ou du choix de ne pas les accomplir, responsables d'ouvrir les yeux ou de les maintenir fermés, responsables de nos paroles autant que de nos silences…

Dur, dur la vie d'adulte ! Mais de ces engagements consciemment menés découle une profonde satisfaction : nous nous sentons à notre place, nous sommes lucides et centrés. Nous sommes loin de la recherche du plaisir immédiat du jeune enfant, nous découvrons une forme de contentement plus complexe, plus solide et plus nuancé. Nous sommes capables de savoir ce que nous devons privilégier, et à quelle dose : le plaisir, l'utilité, le lien et notre responsabilité. Et même si, dans de nombreuses situations, la réponse ne va pas de soi, nous devrions au moins savoir que ces critères existent et sont en jeu.

> Un parent réfléchit face à son ado en difficulté : « Il est de mon devoir (4) d'aborder tel ou tel sujet, mais je n'ai aucun intérêt (2) à ce que ça foire. Avant tout, il faut préserver le lien (3), même si ce n'est pas vraiment amusant (1) de se faire rejeter (3), je dois (4) trouver la manière et le moment… »

Le simple fait de choisir de nous exprimer ou de nous taire repose déjà, à la base, sur ces critères :

- 1er repère : nous avons envie (ou non) de nous exprimer, cela nous fait plaisir.
- 2e repère : nous avons intérêt à nous exprimer ou plutôt à ne rien dire.
- 3e repère : nous exprimer nous rapprocherait de l'autre ou au contraire nous en éloignerait.
- 4e repère : il est de notre devoir de parler ou de rester silencieux.

Le même comportement est régi par des impératifs internes bien différents. Le contenu, le moment et la manière de nous exprimer en dépendent.

• 5e repère : les valeurs

Et puis, comme si ce n'était pas assez complexe, se rajoute un dernier critère, qui arrive avec la maturité : les valeurs qui nous sont chères et vers lesquelles nous tendons, les valeurs qui forment notre éthique. Le choix de nos interventions va en dépendre, ainsi que les réponses que nous apporterons aux questions qui nous sont posées, le ton de notre voix, la précision de nos mots, le choix de nous taire ou le courage de nos propos, etc.

Les valeurs qui sont en jeu dans la communication pourraient être, entre autres : l'honnêteté, le sens de la justice, la gentillesse, l'amour, le respect des compétences ou des hiérarchies, et puis toutes celles qui vous sont chères.

Vous êtes censés avoir appris à bien écouter, vous avez une capacité d'expression améliorée, vous êtes prêts pour maîtriser la communication.

Chapitre 4

COMMUNIQUER

On ne possède bien que ce que l'on partage.
PAUL GÉRALDY

Dans le verbe *communiquer,* on retrouve la racine de *commun, communion, communautaire,* mots qui traduisent clairement l'idée d'être ensemble. Si elle est menée avec intelligence et subtilité, la communication relie, grâce à une écoute attentive et une expression consciente et précise.

Avant d'envisager les communications entre adultes, examinons quelques situations typiquement asymétriques du fait de la différence d'âge.

Communiquer avec un bébé

Commençons par nous rappeler comment se passe le développement psychique des tout-petits.

LE STADE ORAL

Durant les dernières semaines qu'il passe dans le ventre de sa mère, le fœtus perçoit les bruits et la lumière. Il ressent également les émotions de sa mère, en partie par le biais des neurotransmetteurs qu'elle sécrète et qui passent par le cordon ombilical. S'il lui était loisible d'avoir une pensée à propos de lui-même, il ne pourrait que se percevoir faisant partie d'un tout, assez indifférencié.
Lorsqu'il vient au monde, le nouveau-né ne comprend pas d'emblée qu'il est un petit bébé séparé de sa mère. Au contraire, n'ayant pas conscience des limites de son corps, il commence sa vie sur terre dans un état d'*indifférenciation somato-psychique*. Il fusionne avec sa mère et l'environnement qui l'entoure.

Durant les premières semaines, il vit une alternance assez passive entre l'inconfort et le confort. La faim génère l'inconfort et les pleurs, et si la réponse est appropriée, la paix revient. L'inconfort est suivi du réconfort. Il est apaisé et rassuré, grâce à quoi il développe un socle de *sécurité de base*. L'angoisse s'arrête, c'est profondément rassurant lorsqu'on n'a aucune possibilité d'action sur celle-ci. Il ne sait pas qu'il agit sur quelqu'un, il n'y a donc aucun risque d'en faire un capricieux à ce stade en répondant au plus près à ses besoins.

Au troisième mois de sa vie, il atteint le stade de la *coordination oculomotrice*. Il fixe du regard et réussit à amener ses mains vers l'objet qu'il voit. En découlent des expériences en série et des conclusions passionnantes : « Je prends cet objet (la notion de "Je" n'existe pas encore pour lui, mais nous faisons comme si pour la facilité du texte), je le porte à ma bouche, (c'est pour cela que cette période s'appelle le *stade oral*), je mâchonne, je ne sens rien. Je prends ces petites menottes, je les porte à ma bouche, je les mordille, ça pince. Cela m'appartiendrait-il ? Je prends ces deux petites choses en chaussons roses, je les tire vers ma bouche, en tirant je sens mon corps bouger, tiens... mon corps ? C'est quoi mon corps ? » Il est loin de pouvoir se tenir ce discours, bien entendu, mais nous ne pouvons pas imaginer la pensée sans les mots, permettons-nous donc ce tour de passe-passe pour décrire les petites expérimentations que le bébé mène en attrapant, tirant, mordillant, etc.

À l'âge de six mois, il se tient assis, voit donc mieux ce qui l'entoure. Ses premières petites dents acérées rendent ses expériences plus précises. Il poursuit ses explorations. Et vers huit mois, il en arrive à sa première découverte existentielle : « Je suis un individu ». « Je » existe, il est ce corps. Cette révélation est essentielle pour son chemin de différentiation, mais elle est immédiatement accompagnée de sa première grande angoisse existentielle : « Si je suis un individu, un corps séparé, je suis donc perdable et abandonnable ! » C'est l'angoisse d'abandon, qui l'accompagnera avec plus ou moins de force tout au long de sa vie.

Pour la conjurer, il se met à tester avec frénésie la *permanence de l'objet* : il essaye de comprendre ce qui se passe quand il ne voit pas son nounours ou sa mère. Il jette les objets par terre et rit avec un immense bonheur quand nous les lui rendons, pour les relancer aussitôt et recommencer infiniment l'expérience jusqu'à ce qu'il soit bien convaincu que l'objet (et donc aussi Maman) continue d'exister même s'il ne le voit pas. L'objet est permanent ! C'est une déduction très intelligente pour un si jeune enfant. Continuons à lui fournir le matériel pour qu'il y arrive, en ramassant patiemment les jouets jetés au sol ! Il adore aussi le jeu « Coucou » : nous cachons notre visage derrière nos mains (en regardant discrètement au travers de nos doigts, nous lisons son inquiétude), et hop, nous ouvrons les mains : « Coucou ! » L'immense soulagement est évident, nous n'avions pas disparu, ouf, nous étions simplement cachés ! Jouons à Coucou aussi longtemps qu'il le faudra pour qu'il en soit assuré, c'est un investissement pour son avenir !

Cette étape est essentielle. C'est la fin de la *fusion*, dont la nostalgie reste gravée au fond de nous avec son cortège de doux souvenirs que certains essayent de retrouver indéfiniment dans la recherche d'un amour inconditionnel, dans la sexualité, la passion ou le désir d'être deviné. Le deuil de la fusion ouvre à la différentiation et à l'individuation.

Au stade préverbal, le bébé s'exprime sans réflexion. Il manifeste son ressenti comme il le sent, spontanément. Il perçoit, ressent et réagit à l'état brut, sans filtre, sans analyse, sans organisation de pensée. Il n'est pas encore inscrit dans la relation et ne cherche donc pas à agir sur une cible particulière avec un but précis. Tout cela va devoir s'affiner au cours des premières années de sa croissance. Il ne comprendra que progressivement qu'il existe un langage qui aide à préciser ce qu'on veut communiquer et qu'il va devoir apprendre.

Entre-temps, si nous voulons qu'il nous comprenne, nous devons privilégier quelques mots simples, mais surtout l'intonation. Il n'y a rien de ridicule à accentuer l'intonation d'une phrase lorsqu'on essaye de transmettre un message à un bébé. Il n'a que cela pour comprendre. S'adresser à lui comme à un adulte, rapidement et avec un vocabulaire varié, ce serait comme parler chinois à un Autrichien ! Il ne comprendrait que grâce au ton, aux mimiques et éventuellement à quelques mots de base.

Le non-verbal est une forme de langage puissante que nous devons privilégier avec le nourrisson parce que c'est notre langage commun. Pour *communi*quer, il faut un langage *commun*. Certaines assistantes maternelles utilisent un langage des signes réduit pour communiquer avec le nouveau-né, pourquoi pas ? Il apprendra d'autant mieux à parler qu'il comprend ce qu'on lui veut et qu'il se sent compris. Ce sont les piliers de sa sécurité relationnelle.

Il découvre, après le cap des huit mois, que son environnement est constitué de diverses personnes. Et vers deux ans, il comprend enfin qu'il a un impact sur les autres, et inversement. Il saisit le sens de la relation. Il commence à bien parler, il est prêt pour explorer le grand champ de la communication verbale et commencer à conceptualiser son univers grâce à la mise en mots. C'est un âge passionnant ! Un peu épuisant pour les parents, mais très riche d'observations, parce qu'on voit les prémices de l'intelligence. La conceptualisation permet au jeune enfant de donner du sens à son environnement. Grâce à quoi, il fait ses premiers liens de cause à effet, il apprend à déduire (du passé, je comprends le présent) et ensuite à prévoir (du présent, je prévois le futur). Ce sont les premières briques de la pensée abstraite, qui ouvre au monde de l'imaginaire : la possibilité de rêver, de penser, de réfléchir, de créer, d'inventer, de s'échapper dans l'imaginaire. C'est

fondamentalement ce qui nous rend humains, au-delà de notre simple condition de mammifère.

LES MOTS CRÉENT LES CONCEPTS

Conceptualiser consiste à se représenter une chose, un objet, une idée, une action, un sentiment. Pour accéder à cette représentation, les mots sont nécessaires. Ils cernent la chose, la définissent, la décrivent, la nomment. Ce sont les mots qui créent les concepts. Les mots leur confèrent une existence.

Par exemple, si un tout jeune enfant est effrayé par quelque chose et qu'on lui dit : « Tu as peur ? Ne t'en fais pas, il ne faut pas avoir peur de ça », il comprend que ce qu'il a ressenti s'appelle la peur. C'est sa première définition du concept *peur*. Ensuite, il nuancera ce concept en entendant que le mot peur concerne aussi les grosses frayeurs, les petites appréhensions, etc. Chaque fois qu'il entend prononcer ce mot, sa conceptualisation de la peur se nuance. Et c'est pareil pour tout ce qu'il va découvrir. Il structure son environnement grâce aux mots. Il se représente son univers selon l'idée que sa famille et ses proches s'en font, et qu'ils verbalisent à leur manière. C'est par le langage qu'il se représente la vie.

Lorsqu'on parle plusieurs langues ou qu'on connaît plusieurs cultures, on découvre vite que certains mots existent dans une langue et pas dans une autre, de même que certains concepts ont de l'importance dans une culture et pas dans une autre. C'est un souci que rencontrent les traducteurs attentifs, qui doivent arriver à nommer un concept qui n'est représenté par aucun mot dans la langue vers laquelle ils traduisent. Il leur faut user de périphrases ou d'approximations...

Communiquer avec un enfant

Un enfant n'est pas un réceptacle neutre dans lequel déverser nos paroles, explications et conseils. Il n'est pas une page blanche sur laquelle nous inscrivons nos propres idées. Cependant, par manque de compréhension des enjeux de cette période, c'est bien souvent ce qui se produit. Les « grandes personnes » parlent et les petits les écoutent. Pourtant, ils ont tant à dire, si seulement nous les entendions vraiment. En nous montrant véritablement intéressés par leur vision du monde. Comprendre ce qu'un enfant a en tête est passionnant. Et quand c'est le nôtre, c'est indispensable.

Mais les petits ne sont pas capables de nous dire : « Papa, Maman, j'ai besoin de vous parler. Je suis préoccupé par quelque chose que je ne comprends pas et que je voudrais clarifier avec vous. » C'est déjà difficile pour un adulte, alors n'imaginons pas qu'un enfant y arrive facilement ! Or, c'est ce qu'il pense lorsqu'il déboule dans la cuisine quand Maman prépare le repas, ou lorsqu'il est temps d'aller à l'école.

Variations sur un même thème

– J'ai pas envie d'aller à l'école !

– Ah non, tu ne vas pas commencer comme ça, dépêche-toi, mets ton manteau, prends ton cartable, n'oublie pas ton sac de gym. On y va !

– Mais j'ai pas enviiiie !

– Oh, ça suffit maintenant ! T'as pris ton pique-nique ?

– Mamaan, j'aime plus l'école, j'ai pas envie d'y aller !

– Dans l'auto, j'ai dit, et ne traîne pas, mets ton bonnet, on va être en retard !

Cette maman n'écoute rien. Elle tâche juste de faire entrer son enfant dans la voiture. Caricatural ? Peut-être. Mais tellement compréhensible lorsque toute la petite famille doit se mettre en route et que chaque minute compte...

> – J'ai pas envie d'aller à l'école !
> – Écoute, mon chéri, on ne discute pas, tu dois aller à l'école. C'est obligatoire[6] !
> – Mais j'ai pas enviiiie !
> – Chéri, je t'ai dit, tu n'as pas le choix ! C'est la loi !
> – Mamaan, j'aime plus l'école, j'ai pas envie d'y aller !
> – Ça suffit ! Je t'ai dit qu'il fallait ! Tous les enfants de ton âge vont à l'école ! Allez hop, en voiture !

Celle-ci utilise la loi comme levier. Elle n'écoute pas plus que la première. Elle n'a visiblement pas envie de comprendre ce que son enfant ressent ni pourquoi c'est difficile pour lui. Elle le cadre en utilisant un argument extérieur, comme si elle n'avait rien à voir avec ce qui se joue devant elle. On est obligés, un point c'est tout.

> – J'ai pas envie d'aller à l'école !
> – Mais chéri, tu vas apprendre plein de choses ! C'est intéressant l'école !
> – Mais j'ai pas enviiiie !

6. Légalement, ce n'est pas l'école qui est obligatoire, mais l'instruction. Il n'y a rien d'illégal d'instruire ses enfants à la maison ou de toute autre manière, selon le choix des parents. La loi est là pour veiller à ce que les enfants aient une instruction de base, mais elle n'oblige pas à ce que celle-ci ait lieu dans un établissement scolaire. Cette maman, comme la toute grande majorité des gens, l'ignore, ou n'en tient pas compte. Cela ne change rien au dialogue qu'elle a avec son enfant.

– Mais chouchou, tu as une gentille maîtresse, et plein de petits copains très chouettes ! Tu as de la chance de pouvoir aller à l'école ! Y'a des pays où les enfants sont si pauvres qu'ils ne peuvent pas y aller et après ils n'ont pas de métier !
– Mamaan, j'aime plus l'école, j'ai pas envie d'y aller !
– Allez allez, ne pleure pas, mets ton manteau, tout va bien se passer et tu vas bien t'amuser. Allez hop, on y va !

Avec gentillesse, la mère essaye d'améliorer le moral de son enfant. Elle repeint la scène en rose, en quelque sorte. C'est probablement le fruit d'une bonne intention, mais elle non plus n'écoute rien. Elle y ajoute une petite pointe de culpabilisation (tu as une chance que les autres n'ont pas, tu n'as donc pas le droit de te plaindre).

Cette tentative est surtout destinée à distraire l'enfant, à lui faire oublier son chagrin ou sa mauvaise humeur, ce qu'on peut comprendre au petit matin à l'heure du départ à l'école. Mais l'enfant ne le vit pas comme cela, il sent surtout qu'il n'est pas entendu. Et il remettra le couvert plus tard, s'il en a encore le courage.

– J'ai pas envie d'aller à l'école !
– Ah bon, qu'est-ce qui se passe ? Viens, mets ton manteau. Raconte...
– Victor, il est plus là, alors à la récré, je suis tout seul. Puis y'a des grands qui se moquent de moi et les autres ils rigolent.
– Oh là là... Ce n'est vraiment pas agréable ça, mon petit chou ! Tiens, prends ton cartable... Tu n'aimes pas qu'on se moque de toi, ça je comprends ! Et tu te sens

un peu seul pour le moment. Tu as raison, ce n'est pas facile d'arriver dans une nouvelle école et y'a des jours où on n'a pas envie d'y aller. Mais tu sais, l'école, c'est obligatoire, donc on va y aller de toute façon, même si tu n'as pas très envie. Mais je vois que, pour le moment, ce n'est pas facile pour toi. Il te faut plus de courage que les autres jours...
– Oui ! Mais tu sais, Maman, j'aime plus l'école, j'ai pas envie aujourd'hui...
– Oui, mon chéri, j'entends bien et je te comprends tout à fait. Je penserai très fort à toi toute la journée. Et on prendra du temps pour en parler ce soir. Tu me raconteras comment ça s'est passé. C'est très désagréable quand un grand se moque de nous. Moi non plus je n'aimerais pas du tout ça ! Qu'est-ce que tu aurais envie de faire ?
– Ben je sais pas...
–Écoute, on en parle ce soir, d'accord ? Moi je crois que tu peux essayer de te débrouiller pour te faire des nouveaux copains. Et les grands, voyant ça, te laisseront peut-être tranquille. Mais parfois on n'y arrive pas sans aide, ce n'est pas grave... Si ça ne s'arrange pas, tu me le dis et on verra ensemble ce qu'on peut faire.
– Oui, d'accord. On en parle ce soir. Et si ça va pas, je le dirai à la maîtresse.
– OK, mon petit chou. C'est une bonne idée. À ce soir alors. Et bon courage. Je pense à toi.

Enfin une maman qui écoute un peu. Tout en manœuvrant gentiment pour amener son enfant vers la voiture. Mais elle ne peut y consacrer plus de temps maintenant et promet donc de le faire plus à l'aise le soir. L'enfant s'en va, rassuré.

Notons qu'elle scinde le vécu de l'enfant (il n'a pas envie) et les circonstances de la réalité (il devra y aller de toute façon). Le fait d'être entendu, maintenant ou plus tard, est essentiel pour l'enfant. Il ne parle pas dans le vide, il est pris en considération. La mère montre qu'elle va tenir compte de ses soucis et tâcher de les atténuer avec lui, mais elle ne va pas lui obéir pour autant. C'est cette crainte qui empêche les autres mamans d'écouter. Elles pensent : « Si j'écoute, je suis perdue. Je ne peux pas me permettre de le garder à la maison, donc il vaut mieux ne rien écouter et avancer... »

Ça s'est bien passé aujourd'hui ?

Comme expliqué au chapitre 2, cette question est fermée. Même si ce n'est pas l'intention consciente du parent, cette tournure de phrase, souvent soutenue par un ton de voix positif, oriente l'enfant en l'invitant à satisfaire le désir du parent de le savoir heureux en classe. La plupart du temps, le gamin répond « Oui », sans trop réfléchir, et l'adulte se sent rassuré, mais il n'est pas pour autant informé du vécu réel de son enfant. Le parent aura des récits plus naturels et plus justes en demandant simplement : « Et alors, ta journée ? » par exemple. Ou en se taisant, tout simplement, afin d'accueillir les confidences spontanées.

Certains parents ont essayé de changer leur approche, mais sans grand succès. « Moi, disent-ils, si je ne demande pas à mon enfant comment s'est passée sa journée, il ne me raconte rien ! » Comment cela se fait-il ? Un enfant n'a-t-il pas naturellement besoin ou envie de se confier à ses parents ? La déception de ces parents est presque toujours la conséquence d'années de mauvaise écoute. Et cela ne se corrige pas en un jour. Sur le plan de la communication, c'est un peu comme si l'enfant avait été traité comme une marionnette suspendue aux fils que manœuvre le parent.

L'image paraît extrême, mais on l'observe souvent. Depuis son plus jeune âge, le petit est orienté dans la communication avec les « grandes personnes ». Les questions qu'on lui pose sont fermées, le dialogue est pédagogique et instructif. On lui explique tout, on lui dit ce qu'il doit faire et dire, on lui donne des solutions pour n'importe quel tracas, et souvent on fait les choses à sa place. Très normalement, le petit se sent dépendant de ces fils de vie que tiennent les adultes. Il ne s'entraîne pas à se débrouiller et encore moins à penser par lui-même. Il n'a aucune confiance en ses propres jugements, comment pourrait-il les tester si on ne lui en donne jamais l'occasion ?

Laissons nos petits avoir des initiatives. Laissons-les avoir des idées personnelles et les mettre à l'épreuve. N'intervenons pas à tout bout de champ. Notre seule vraie responsabilité consiste à les protéger des dangers véritables, ceux qui mettent leur vie en péril. Ensuite, nous souhaitons les socialiser, les éduquer. C'est normal. Cela les prépare à vivre dans la société validée par les parents. Pour le reste, faisons leur confiance, laissons-les se débrouiller. Ils développeront d'autant mieux leur confiance en eux.

Attention, tu vas tomber !

Avec toutes les meilleures intentions du monde, pour leur éviter blessures, brûlures, coupures et autres incidents, nous bombardons nos petits de mises en garde, comme si leur environnement n'était qu'un champ de mines. Notre rôle est évidemment de les protéger, mais pas d'en faire des anxieux ou des timorés. Or, le mal-être le plus développé dans notre culture est le manque de confiance en soi. Une bonne manière de l'inoculer à nos enfants consiste à leur répéter « Attention ! » toute la journée, suivi de « tu vas tomber, tu vas te couper, tu vas glisser, tu vas te faire mal » et toutes les prévisions catastrophiques que notre imaginaire inquiet est capable d'élaborer. C'est une manière de leur dire : « Moi, super Papa, ou super Maman, je sais que tu vas tomber. » Ce n'est pas ce que vous voulez leur dire ? Mais c'est pourtant ce qu'on leur dit ! Écoutez ces multiples injonctions, la plupart du temps elles sont formulées de cette manière prédictive.

Alors qu'on pourrait simplement dire : « Attention, ça glisse. » Ou « Fais attention, c'est très chaud. » C'est tout autre chose. Nous ne les laissons pas seuls face au danger, nous attirons leur attention sur ce qui nous paraît inquiétant, mais nous sous-entendons qu'ils peuvent tenir compte de cette information et agir avec intelligence. Nous leur faisons confiance, ils le sentent et cela augmente automatiquement leur confiance en eux.

Mais parfois, il n'est même pas nécessaire de les mettre en garde, il suffit de les observer et nous constatons vite qu'ils apprennent par eux-mêmes. Ils observent, analysent et en tirent leurs conclusions. Ou ils se lancent, découvrent la difficulté et corrigent le tir. C'est comme cela qu'ils construisent leur force et leur débrouillardise. Pas en écoutant les sermons parentaux ! C'est comme cela qu'ils développent leur confiance en eux, c'est parce que nous leur faisons confiance. Ils se disent : « Si Maman me fait confiance, c'est que j'en suis capable. Parce que Maman sait ce dont je suis capable. Donc je peux me faire confiance, moi aussi. »

Si tu ne viens pas, je pars...

– Allez, viens mon chéri, on y va.

– Non, Maman, attends, je joue encore...

– Non, non, non, il est temps, on doit y aller maintenant, allez viens.

– Nooon, Mamaaan, je veux encore joueeer...

– Bon, eh bien, puisque c'est comme ça, moi je m'en vais et je te laisse là !

Que se passe-t-il ? Cette mère veut partir, elle a ses raisons et son fils ne veut pas lâcher ses jeux. Jusque-là, c'est une situation parfaitement normale. Un conflit mineur entre l'autorité de la mère et le désir de l'enfant. Comment la mère s'y prend-elle ? Les deux premières tentatives, directes, se soldent par un échec. La mère n'obtient pas ce qu'elle veut, elle se dit qu'elle n'y arrivera pas de cette manière. Si elle insiste, elle va devoir frustrer son enfant, ce qu'elle préfère éviter. Alors, elle utilise un moyen qu'elle espère plus efficace : la menace. Elle va partir sans lui et de le laisser là. Elle esquive l'épreuve de force avec l'enfant, elle n'exerce pas son autorité de façon directe, mais détournée.

Pour éviter d'assumer clairement son rôle de parent, elle joue le jeu de celle qui s'en fiche et qui est prête à abandonner ce « vilain enfant qui n'obéit pas ».

Comment l'enfant est-il impacté par cette injonction ? De deux choses l'une : soit il la croit, soit il ne la croit pas. S'il croit sa mère, il prend peur, parce qu'il comprend qu'elle serait vraiment capable de l'abandonner, ce qui est une peur très puissante à certaines périodes de l'enfance. C'est d'ailleurs pour ça que « ça marche », il vient ! Si tant de parents utilisent ce système, c'est en grande partie pour son efficacité bien sûr, ils sont inconscients du message culpabilisant qui se glisse entre les lignes : « Tu n'es pas un enfant satisfaisant, je n'ai pas envie de te garder, je suis prêt à t'abandonner... » Je vous laisse imaginer les dégâts si ce rejet n'est pas compensé par des manifestations rassurantes, destinées à lui montrer notre amour ! Il n'en reste pas moins qu'il l'entend et reste perturbé par ces doubles messages.

Si en revanche il ne croit pas sa mère, il retient que le mensonge utilisé dans le cadre d'une menace est autorisé ! D'autant plus que ce n'est ni la première ni la dernière fois que cela se passe. Pour obtenir ce que nous voulons et qui ne nous est pas offert facilement, nous pouvons menacer et mentir. Ça marche. Papa et Maman le font, alors pourquoi est-ce qu'il se gênerait ?

Qu'aurait dû faire cette maman ? Affronter son enfant, calmement et fermement. Lui dire, d'un ton qui ne souffre pas de riposte, que maintenant il pose ses jouets et qu'on s'en va. C'est comme ça. L'enfant sait que, lorsque le parent utilise cette voix affirmée, il doit obéir.

Si elle peut le prévenir, c'est encore mieux : « Chéri, dans dix minutes on s'en va, termine tes jeux. » Lui donner quelques explications quant aux raisons du départ peut dans certains cas se justifier et aider le petit, mais tout ne doit pas toujours être expliqué. Les parents n'ont pas à se justifier. Ils peuvent le faire si cela aide, mais ils n'en ont aucune obligation. Au moment même, il s'agit d'obéir, avec ou sans explications. En revanche, prendre un moment, plus tard, pour reparler de l'événement, écouter ce que l'enfant en pense et lui donner quelques éclaircissements, reste évidemment une bonne approche.

QUAND NOS PARENTS NOUS MANIPULENT

Cette prise de conscience est lente à venir, douloureuse et régulièrement mise en doute, tant il est pénible de comprendre que nos parents qui ont été indispensables à notre développement, qui nous ont aimés, même maladroitement, dont nous avons eu tant besoin et dont nous avons en vain attendu la reconnaissance, ne nous regardent plus comme des êtres intéressants et dignes de respect depuis que nous avons essayé de nous autonomiser, depuis que nous avons tenté d'avoir une pensée propre, des désirs personnels, une trajectoire différente de la leur, des idées qui n'entraient pas dans leurs projets, depuis que nous avons fait des choix qui ne correspondaient pas aux leurs, que nous avons cessé de ressembler à l'enfant idéal de leurs rêves. Nous constatons au prix de douloureuses confrontations ou de lourds silences que depuis que nous ne sommes plus « dans la ligne du parti », nous sommes rayés.

Mais ne sommes-nous pas tous un peu manipulateurs face à nos enfants ? Est-ce que la manipulation n'est pas automatique dans une relation hiérarchisée ? Non. Il est possible de vivre son rôle de parent avec franchise et respect, en exerçant une saine autorité, à la fois cadrante et protectrice. Les règles peuvent être clairement édictées, les sanctions annoncées, les idées divergentes acceptées ou négociées, ou au minimum entendues. Nous élevons notre enfant dans une relation de hiérarchie, sans pour autant le dénigrer ou le dévaloriser. Nous pouvons obtenir ce qui doit être fait par des demandes claires et assumées, même si cela mène au conflit. Le dialogue devrait être maintenu dans le conflit et ce dernier ne devrait pas constituer pour l'enfant une menace de ne plus être aimé, ni admis au sein de la famille.

« Mes parents sont des manipulateurs ! » pensez-vous ? Comment le savoir ? Les premières difficultés arrivent souvent à l'adolescence, lorsque l'enfant essaye de trouver son autonomie de pensée, sa trajectoire propre, son style à lui. Il s'oppose, ce qui est somme toute assez normal à cet âge, mais le conflit prend des allures particulières, dont l'enfant ne se rend probablement pas compte : le parent vit cette opposition comme une mise en cause personnelle, qui bouscule ses fondements fragiles. Cela lui est insupportable. Au lieu de comprendre ce que l'adolescent vit, de lui servir d'éventuel *punching ball*, de cadre solide et sécurisant, ou d'interlocuteur intéressé par cette évolution en essayant de la comprendre, il menace ou s'emporte, use du chantage ou fait le sourd, refuse la discussion, punit outrageusement, n'explique pas sa position sincèrement, frappe, pleure, bref adopte une attitude qui témoigne combien il est intimement ébranlé et combien cette mise en question lui est impossible.

Intuitivement, l'enfant sent que la menace est lourde et que le risque de perdre l'amour du parent est latent. Il rentre dans les rangs, jusqu'à la prochaine tentative d'autonomie. Cette scène va se reproduire plusieurs fois, sous des dehors assez variés, parfois dans la violence, parfois avec une apparente gentillesse, et le jeune va tenter de se construire dans ce déséquilibre, fait de menaces sournoises, d'autoritarisme tordu, de silences culpabilisants, d'explications absentes, de réponses à contre-pied, de sanctions inattendues, d'accusations projectives sous-entendant que c'est à cause de lui que le parent est dans cet état de douleur, alors que c'est justement l'inverse.

L'enfant n'y voit pas clair, se construit dans la culpabilité, développe l'impression de ne jamais être à sa place, se sent maladroit, incompris, décevant, moche, nul, pas à la hauteur, éternellement coupable, profondément blessé, sans cesse en quête de cette reconnaissance qui lui a tant manqué. Il développe un immense doute quant à ses qualités propres, qui se manifeste différemment selon son tempérament de base, sa place dans la fratrie et son sexe. Il étouffe toute velléité d'autonomie ou au contraire devient rebelle. Il bouillonne de colère ou refoule sa haine sous des dehors apparemment attentionnés. Il se sent terriblement vulnérable ou au contraire hyper susceptible, ce ne sont jamais que les diverses facettes d'un même problème : la difficulté de se respecter lui-même et de se positionner tranquillement mais fermement face à autrui, sans rugir à la première difficulté ni vendre son âme. La peur du conflit ou la peur de décevoir le musellent. Ou à l'inverse, la colère se rallume dès qu'il retrouve ne serait-ce que l'ombre de cette impression étouffante de se faire manipuler. Pour éviter de souffrir, il peut aussi se protéger à vie derrière des comportements rigides, des règles qu'il impose à lui-même autant qu'à ses proches, un mur qu'il bâtit entre lui et les autres. Il arrive aussi qu'il choisisse de tout tourner en dérision, ce qui est une façon efficace de nier la douleur, d'en rire pour ne pas en souffrir, l'image même du clown triste.

Il est possible qu'il use lui-même de la manipulation dans ses relations et malheureusement plus tard avec ses enfants. Cette manière de fonctionner a constitué son seul modèle et il reproduit inconsciemment ces comportements parce qu'il n'en connaît pas d'autres. Il est tellement déstructuré par sa propre enfance qu'il n'arrive pas à se faire respecter autrement que de façon sournoise et non assumée. Ce cycle infernal, cette douleur diffuse, ces dégâts qui se reproduisent de génération en génération demandent à l'évidence l'aide d'un thérapeute compétent et expérimenté afin que ces enfants devenus adultes dans ce climat familial toxique puissent enfin se tenir droit, s'assumer et se sentir véritablement libres de vivre la vie qu'ils souhaitent.

Il n'y a pas de raison de pleurer

Nous n'aimons pas voir nos enfants tristes. Nous ferions n'importe quoi pour leur éviter toute souffrance. C'est notre rôle de protecteur et c'est normal. Mais de là à étouffer toute manifestation de tristesse, c'est un pas qu'il vaudrait mieux ne pas franchir, et qui repose sur l'idée que si l'enfant n'extériorise pas de chagrin, c'est qu'il n'en vit pas. Nous savons cependant que cette supposition est fausse. Nous connaissons tous des moments de tristesse cachée, dont personne ne se rend compte. Les bambins aussi.

Ce n'est pas en l'enjoignant de ravaler ses larmes que nous aidons notre enfant. S'il est triste, il est triste. Quelle qu'en soit la raison. L'écouter et respecter ses sentiments est la meilleure manière de l'aider. Le message est clair : grand ou petit, tu es qui tu es, bien différent de moi. Tu vis des émotions qui t'appartiennent, comme tout le monde et je n'ai pas à en juger. Nous pouvons en parler, ce n'est pas un tabou. Ce n'est ni bien, ni mal, c'est juste humain.

NE NOUS FÂCHONS PAS TROP VITE !

Je me souviens d'un jour où ma fille de deux ans avait été autorisée, pour je ne sais quelle raison, à faire la sieste sur le grand lit parental. La chambre comprenait un lavabo sur lequel étaient disposés quelques petits pots de crème pour le visage, que je jugeais essentiels à l'époque.

Après un temps raisonnable pour son repos, je pointe silencieusement mon nez à la porte pour trouver ma petite fille assise sur le lit, me regardant, mi-fière, mi-inquiète. Immédiatement, je remarque quelques petits pots ouverts sur le lit, ses petites mains potelées toutes grasses et le mur maculé de crème, ainsi que l'abat-jour de la lampe de chevet ! Ma première émotion a été la colère ! Il y en avait pour quelques dizaines d'euros sur les murs, sans compter le prix de l'abat-jour !

Mais juste avant d'exploser, je capte un signe d'incompréhension, une lueur de culpabilité dans le regard de ma fille, qui n'était pas, habituellement, une enfant abonnée aux bêtises. Au contraire, elle était plutôt une petite fille soucieuse de bien faire. Je me contiens *in extremis* et lui demande ce qu'elle a fait là. D'un air de plus en plus navré, elle me dit qu'elle a voulu laver ! Parce qu'elle avait vu que j'utilisais ces crèmes et que, dans sa logique de deux ans, ne connaissant l'usage d'une crème sur son corps que dans le cadre de la toilette, ces pots ne pouvaient servir qu'à laver ! Par ailleurs, elle m'avait certainement déjà vu utiliser une autre crème pour nettoyer une baignoire ou un évier. Sa déduction était donc logique et bien intentionnée. Elle s'était tout simplement rendue utile. Son inquiétude traduisait qu'elle savait qu'elle avait pris une initiative mais elle avait probablement agi dans le but de m'aider ou de faire comme moi. Ce n'était en rien une provocation de sa part.

Cette anecdote m'a beaucoup fait réfléchir parce que j'étais à deux doigts de me fâcher vertement, mais cet éclair d'incompréhension dans son regard m'a arrêtée. Je lui ai expliqué, avec un brin d'énervement certes, que ces crèmes c'était pour mon visage et rien d'autre, et que si elle ne savait pas, elle pouvait toujours me demander. Mais que je comprenais quand même qu'elle avait voulu bien faire. Là-dessus, un peu honteuse, elle m'a répondu : « D'accord » et l'incident fut clos.

Dans ce type de situation, que ressent l'enfant si le parent se fâche immédiatement, avant même de poser quelques questions prudentes pour comprendre ce qui se passe ? Le petit se sent humilié, incompris, ridicule ou mauvais...

Alors, de deux choses l'une : soit il intègre qu'il vaut mieux ne pas prendre d'initiative et cet événement contribue à diminuer sa confiance en lui à peine naissante, soit il réplique par la colère, se sentant offensé alors qu'il voulait bien faire. Mais s'adressant à un adulte passablement fâché, sa riposte serait sans doute fort mal accueillie et ne ferait qu'empirer les choses. Le parent utiliserait sa force et son autorité pour lui faire comprendre qu'il a fait une grosse bêtise et qu'il n'a pas à se fâcher comme ça !

Or, sa colère serait justifiée puisqu'il se sent heurté et incompris. Mais, pour un jeune enfant, il est interdit d'en vouloir à ses parents. Il est donc obligé de nier ce qu'il ressent et d'enregistrer une version qui ne correspond pas à son vécu : la colère de Papa ou de Maman n'est pas injuste, je l'ai méritée, c'est donc moi qui suis mauvais.

Maîtrisons nos emportements. Ne réagissons pas impulsivement, écoutons d'abord la version de l'enfant. Dans ce cas, l'émotion brute n'est pas un bon guide. La mise en mots est indispensable.

Qu'a voulu faire ce petit bout ? Que pouvait-il y comprendre ? N'a-t-il pas simplement essayé (maladroitement) d'être gentil ?

Alors, que représentent quelques petits pots de crème, un abat-jour ou n'importe quels petits dégâts matériels face aux dommages potentiels sur la confiance en soi encore balbutiante d'un jeune enfant ? La réaction adaptée consiste d'abord à écouter, ensuite à expliquer. Vérifier si l'enfant a bien compris, prendre éventuellement un accord afin que cela ne se reproduise plus et ne pas lui en vouloir de tester ses initiatives.

Les émotions les plus malmenées sont la colère et la tristesse. Elles sont souvent réprimées dans l'éducation. Il ne s'agit pas de laisser nos chères têtes blondes se rouler par terre en hurlant au supermarché parce qu'on leur refuse un Carambar, mais nous pouvons entendre leur frustration.

Les parents tâchent d'enseigner à leurs enfants de vivre en société, c'est normal. Mais les socialiser ne signifie pas leur apprendre à nier leurs ressentis.

Nous pouvons les aider en verbalisant ce que nous comprenons : je comprends que tu sois fâché, je vois que ça te rend triste... C'est tout. Il n'y a pas grand-chose à faire, il y a juste à accompagner par la parole. Se sentir compris est l'essentiel. C'est une manière de dire :

tu fais partie du groupe, tu es humain, ce que tu vis est normal, ça arrive à tout le monde. En laissant flotter cette acceptation, nous indiquons à l'enfant que se sentir triste ou fâché est permis, qu'il n'a pas à en avoir honte ni à se culpabiliser. Mais que l'expression de cette émotion devrait, si possible, rester dans un cadre de vie en commun. L'émotion est permise, mais pas tous les débordements qui parfois s'ensuivent.

Communiquer avec un ado

C'est quoi cet âge dit « bête et boutonneux » que tous les jeunes semblent devoir traverser ? Cette crise d'adolescence est-elle inévitable ? Comment maintenir un lien par la communication avec nos grands enfants qui ne demandent qu'à partir ?

L'adolescence est une période charnière entre l'enfance et l'âge adulte. De nos jours, ce n'est plus une simple transition, c'est devenu une tranche d'âge de plus en plus longue, à cause de la précocité de la puberté et la longueur des études.

L'immensité du bagage que nous voulons transmettre à nos enfants, liée à la complexité de notre société, oblige les jeunes à rester sur les bancs bien au-delà de la puberté. Ils sont donc matériellement dépendants de leurs parents alors que le sang qui coule dans leurs veines a le goût de l'indépendance et de la liberté. Ils ont un corps d'adulte, mais un statut d'enfant. C'est là que ça coince !

Les hormones bouillonnent, ils ont de palpitantes envies de découvrir le corps de l'autre et le leur, mais ils doivent encore étudier, obéir et prévenir à quelle heure ils rentrent. Ils rêvent d'amour, de départs, d'avenir, mais il leur faut pondre des dissertations et ranger leur chambre. Ils n'aiment pas décevoir leurs parents, mais n'ont plus toujours envie de leur plaire. Ils ont besoin de leur protection, mais ne veulent plus partager leurs secrets. S'ils sont laissés libres de leurs va-et-vient, on leur reprochera de vivre « à l'hôtel », s'ils racontent leurs premières amours, on leur donnera des conseils qu'ils ne veulent plus entendre… Pas si simple pour les parents ! Trop de contrôle et ils se rebellent, trop peu et nous les perdons de vue. La relation parentale les exaspère, mais les jeux de parents copains-copains sonnent faux.

Comment communiquer de façon satisfaisante sans les entraver ni leur laisser totalement la bride sur le cou ?

Je peux aller à cette soirée ?

Prenons un exemple caractéristique de cette période mi-enfant, mi-adulte. Le jeune doit demander une permission, il estime que cela devrait aller de soi, mais nous savons les dangers que cette sortie recèle.

> – Maman, Papa, est-ce que je peux aller à cette soirée ?
> – Attends, je ne vais pas te répondre sans réfléchir avec toi. Asseyons-nous un instant et parlons-en.
> – Mais alleeez ! Dites oui, tous les copains y vont !
> – Je voudrais d'abord en discuter avec toi. Viens et assieds-toi ici.
> – Bon, qu'est-ce tu veux savoir ?

– Mon rôle de parent est de te préparer à la vie indépendante. Sortir avec tes copains en fait partie, mais pas n'importe comment. Mon rôle est aussi de te protéger des dangers que tu ne mesures pas. Je veux donc vérifier avec toi ce que tu maîtrises. D'abord, dis-moi de quelle soirée il s'agit. Où est-ce que ça se passe ? À quelle heure, etc.
– Et bien, c'est chez Machin, à tel endroit, etc. Ça commence à telle heure et il n'y a pas d'heure de fin, évidemment. (L'ado explique du mieux qu'il sait, et si cela ne suffit pas, le parent pose les questions qui l'intéressent.)
– Bon. Et comment comptes-tu t'y rendre ?
– Le père de X lui prête sa voiture. Il a déjà son permis. Il passera me prendre ici.
– D'accord. Pendant la soirée, j'imagine que tu vas consommer. Est-ce que tu peux prévoir à peu près ta consommation ? (Le parent ne juge pas, il montre qu'il veut juste un dialogue sincère.)
Le jeune répond.
– Est-ce que tu sens que tu pourras t'y tenir ? Ou est-ce que tu penses que tu pourrais avoir envie de plus ? (Cette question « à choix multiples » montre que le parent n'est pas naïf, et qu'il peut envisager des dépassements, sans les critiquer. Cela fait partie des possibilités, sans plus.)
Le jeune répond.
– Quelle est la limite que tu voudrais ne pas dépasser ? Ou : Quelle est la limite où tu sens que tu te mets en danger ? (Le parent teste la lucidité de son enfant à son propre égard, mais montre bien qu'il ne s'agit pas d'un contrôle gratuit, mais bien d'une question de danger.)

Le jeune répond.
– OK. Penses-tu que tu pourras t'y tenir, ou non ? (Choix multiples pour montrer que les deux options existent, sans jugement.)
Le jeune répond.

L'idée générale de ce dialogue est de créer un climat non jugeant, et le ton doit le faire sentir. Ne pas aller dans la direction du « je sais mieux que toi, et je ne peux pas te faire confiance », c'est-à-dire un climat qui génère l'exaspération chez le jeune et qui ne lui donne ni envie d'être sincère, ni de collaborer en confiance. Un des buts est de montrer qu'en tant que parent nous n'avons pas pour intention de tout interdire, ni de tout permettre, mais simplement de focaliser sur le vrai danger : l'accident grave. C'est avant tout à l'égard des excès de consommation et des accidents qui s'ensuivent que nous devons demeurer fermes. Le reste, ce ne sont que des soucis.

– OK, je vois que tu es lucide, je sens que je peux te faire confiance. Il ne s'agit pas de me faire plaisir ou de m'obéir, comprends-le bien, mais juste de protéger ta vie. C'est ça mon but principal.
– Oui, oui, ça va, j'ai compris !
– Bon. Comment comptes-tu rentrer ? Et vers quelle heure ?
– L'heure, je ne sais pas. Ça dépend un peu de l'ambiance et des potes.
– Je comprends, mais est-ce que tu as une idée ? Une limite ?

– Non, pas vraiment. Mais honnêtement, à la fin ça dégénère toujours et je n'aime pas tellement ça. Je rentrerai probablement en même temps que X, qui n'aime pas non plus quand ça déborde trop.
– OK. Par quel moyen de transport ?
– Normalement, avec X, qui a la voiture de son père.
– Pourquoi tu dis « normalement » ? Tu as une autre idée ?
– Non, mais c'est parce que parfois il est un peu bourré !
– Ah. Et comment vas-tu te rendre compte de son état ?
– Je crois que d'office, il ne pourra pas conduire. Je n'ai pas trop confiance...
– Bien, je vois que tu as un bon jugement. Mais dans ce cas, comment feras-tu ?
– Il y a aussi telle copine, qui a aussi son permis, et elle ne boit quasiment pas.
– Quasiment pas, mais un peu ? Comment feras-tu pour le savoir ?
– Je l'observerai durant la soirée. Et je lui demanderai.
– OK. C'est une bonne idée, mais ce n'est pas facile. Et si elle a un peu trop bu sans que tu le saches, penses-tu que tu pourras t'en rendre compte ? Je sais que tu l'aimes bien. Que feras-tu si elle dit en riant : « Mais oui, tout va bien, regarde, je peux marcher sur la ligne droite ! » et que tu la trouves quand même un peu trop joyeuse pour être vraiment sobre. Ce n'est pas facile de résister dans ces cas-là...
– Oui... C'est vrai...
– Si tu as des doutes, qu'est-ce que tu feras ?
– Ben, à ce moment-là, il ne me reste que le téléphone. Je t'appelle ? Ou j'appelle un taxi ?

– Oui, si tu n'es pas sûr, tu m'appelles. Je préfère sortir du lit pour te ramener à la maison plutôt que de te retrouver à l'hôpital !

L'adolescence est un âge intermédiaire, où le jeune teste ses futures libertés et les responsabilités qui les accompagnent. C'est un terrain d'exercice, en quelque sorte. Nous devons laisser nos jeunes découvrir leur vie d'adulte en devenir, sans tout contrôler, tout en maintenant un lien sympathique et secourable, qui leur permet de continuer à dialoguer avec nous, en toute confiance.

À leur âge, nous pouvons commencer à avoir des conversations d'adulte à adulte. Laissons-les nous parler sans les contredire. Nous avons une maturité qu'ils n'ont pas encore acquise, inutile de le leur faire remarquer quand ils essayent de jouer au grand ! Il est normal qu'ils affirment leurs idées sans beaucoup de nuances, convaincus d'avoir tout compris, mais derrière ces affirmations péremptoires se nichent des raisonnements naissants, des idéaux typiques de leur âge, des visions du monde qui nous aideraient à mieux les comprendre si nous les écoutions vraiment. Soulignons tout l'intérêt que nous y voyons, valorisons leurs déductions au lieu de pointer les faiblesses de leur raisonnement.

Maintenir une relation affectueuse et confiante avec un ado n'est pas toujours facile.

Tu ne me fais jamais confiance !

Si le lien de confiance est rompu, le jeune nous échappe. C'est fréquent. Et cela résulte presque toujours d'une relation qui se dégrade avec les parents. Ceux-ci veulent trop contrôler ou persistent à donner des ordres. Ils énervent le jeune plus qu'ils ne l'écoutent.

J'entends parfois des parents exprimer que plus l'ado se cabre, plus il faut serrer la vis. Mais c'est l'inverse ! Plus on serre la vis, plus il se révolte. Les parents doivent apprendre à lâcher progressivement du lest, en expliquant que ces nouvelles permissions ne valent que si la confiance est maintenue. Mais dans les deux sens ! Pas uniquement de l'enfant envers son parent. Si nous montrons à nos jeunes que nous leur faisons confiance, ils ont à cœur d'en être à la hauteur.

Il n'est pas évident d'obtenir cette confiance à l'adolescence si elle ne s'est pas mise en place au cours de l'enfance. Et il ne suffit pas de dire « je te fais confiance » pour que ça marche !

Parfois, nous agissons comme si l'attribution de notre confiance rendait automatiquement l'autre digne de celle-ci.

> « Je dois te dire quelque chose d'important, je te fais confiance, ne le dis à personne. »
> « Je pars quelques minutes, je te fais confiance, surveille bien ton petit frère. »
> « Je te passe les clés de ma voiture, je te fais confiance, ne l'abîme pas. »

Nous aimerions que cette marque de respect soit réciproque. « Je te fais confiance » deviendrait une formule magique qui transformerait notre interlocuteur pour qu'il soit à la hauteur de nos attentes. Au risque de lui dire, s'il n'y est pas arrivé : « Et moi qui t'avais fait confiance… Quelle déception ! » Bonjour la culpabilisation !

La confiance se gagne au fil des années, en laissant progressivement à l'enfant des petites zones de liberté, bien définies, où il apprend à assumer ses responsabilités.

Confidences et secrets

La communication d'un secret est toujours une affaire délicate. Pour demander la confidentialité, nous avons deux options. Soit nous en parlons au préalable : « Est-ce que je peux te confier un secret ? » ou « Es-tu capable de tenir ta langue ? » et nous obtenons quasi toujours un assentiment ; soit nous le demandons *a posteriori* : « Bon, tu gardes ça pour toi ! » ou « Je compte sur toi, n'en parle à personne ! » et souvent, là aussi, l'autre acquiesce. Dans un cas comme dans l'autre, il est assez rare que la personne en qui nous mettons notre confiance nous annonce qu'elle ne s'y tiendra pas.

Or, si l'information révélée ne semble pas devoir être tenue secrète par celui qui vient de l'entendre, les deux options comportent une dimension piégeante. La personne qui lui a confié le secret lui a passé la patate chaude ! Elle s'est débarrassée de la tension associée à la détention d'une information brûlante en la passant au suivant avant même que celui-ci ait pu juger de ce qu'il recevait : un colis piégé en quelque sorte !

Si la démarche est préalable, nous lui demandons de garder le silence à propos de quelque chose qui ne lui est pas encore dévoilé. Nous nous assurons de sa discrétion, mais il ne sait pas à quel sujet. Nous faisons une sorte de pari sur la suite qui place automatiquement notre interlocuteur dans une situation embarrassante : une fois le secret transmis, il devient complice d'une révélation qu'il pourrait trouver incorrecte ou choquante, à laquelle il préférerait ne pas être mêlé. Il pourrait estimer que cette information ne peut rester secrète et préférer qu'elle soit annoncée à qui de droit. Il se trouve écartelé entre deux loyautés : nous rester fidèle et, dans ce cas, trahir la personne visée par la confidence, ou choisir d'être honnête à l'égard de cette dernière et en conséquence c'est nous qu'il va incommoder ou trahir. Dans les deux cas, il se sent mal.

Si nous lui demandons la garantie de son silence après la confidence, il est à peine moins coincé parce que notre attente est évidente : il doit se taire. Il est malaisé, maintenant qu'il sait, de répondre par la négative.

Lorsque nous nous plaçons du côté de celui qui reçoit la confidence, nous ressentons un conflit de valeurs : d'une part le respect de la confiance que quelqu'un place en nous, de l'autre le respect de notre propre liberté de parole. Les deux nous importent. Que devons-nous privilégier ?

Cela dépend évidemment du contexte, mais si nous ne voulons pas que quelqu'un puisse prendre notre parole en otage, en nous empêchant de parler librement comme nous l'estimons légitime, nous devrions, dès que possible, annoncer que nous nous réservons le droit et la liberté de dire ce qui, à nos yeux, doit être dit. Personne n'a de droit sur notre liberté d'expression. Nous seuls jugeons de ce que nous devons faire avec ce que nous savons. Le taire ou le dire, à qui de droit. Si nous parlons, nous en paierons peut-être des conséquences, mais si un secret nous brûle l'âme, nous devrons en assumer d'autres. C'est notre responsabilité de juger ce que nous devons faire.

Rumeurs et commérages

On dit parfois que lorsque deux personnes sont au courant d'un secret, il ne sera plus secret bien longtemps... À nous de faire mentir l'adage !

> – Fred, je dois te dire un truc : tu sais, Béatrice, la femme de Bernard, eh bien elle sort avec le fils du garagiste !
> – Non !?
> – Si, je te jure ! Je les ai vus, dans la petite cour derrière le café ! Y'a pas photo, le Bernard, il a des cornes !
> – Ça ne m'étonne pas, Béatrice, elle a le sang chaud !
> – Bon, mais tu n'en parles à personne, hein ! Tu n'es pas censé savoir !
> – T'inquiète ! Tu peux compter sur moi.
>
> – Ho ! Fredo ! Salut ! Comment vas-tu ?
> – Ça va et toi ? Quelles nouvelles ?
> – Faut pas le répéter, mais tu sais quoi ? Béatrice, la femme à Bernard...
> – Quoi... ?
> – Elle sort avec Kévin !
> – Nooon ! ?
> – Si, je te jure, mais tu ne le dis à personne, hein !
> – Sûr ! Je suis muet comme une tombe !

Et ainsi de suite... On sait que c'est souvent comme ça que les rumeurs se diffusent. Le premier ne divulgue pas la confidence au grand jour, oh non, il la transmet « sous le sceau du secret »... Une seule personne à la fois, digne d'être invitée dans la grande nébuleuse du secret...

D'autres situations peuvent nous nuire : lorsque nous apprenons quelque chose dont nous ne pouvons pas parler alors que, sous nos yeux, nous voyons un comportement qui ne se produirait pas si les gens savaient.

> Une collègue est gravement malade, nous le savons parce que nous sommes dans la confidence, mais elle ne veut pas que cela se sache au travail. Or, dans le service, il se murmure qu'elle devient tire-au-flanc depuis quelques semaines, qu'elle ne fait plus beaucoup d'efforts et, « sous le sceau du secret », nous apprenons qu'on va la muter vers une voie de garage. Secrets de part et d'autre... Nous sommes tentés de révéler les causes de son apparente paresse pour la préserver d'une peine malvenue. Est-ce juste ? Que doit-on faire ? En parler à la principale intéressée qui décidera elle-même ? Mais, dans ce cas, nous trahissons la personne qui nous a mis au courant de la décision et des représailles peuvent nous tomber dessus. Ou révéler l'état de santé de la collègue au patron, quitte à la trahir, « pour son bien »...
>
> Une issue possible ? On pourrait suggérer aux collègues d'en parler directement à la collaboratrice incriminée

plutôt que de murmurer dans les couloirs ? Ou, sans rien révéler ni trahir, on pourrait lui conseiller de rester prudente et de réfléchir aux conséquences malheureuses qu'une baisse de régime mal interprétée pourrait générer dans les esprits non informés...

Secrets professionnels

Certains professionnels s'engagent à respecter une confidentialité liée à leur métier : le secret professionnel. Les psychologues, comme d'autres soignants ou professions d'aide aux personnes, sont très entraînés et très soucieux de préserver l'anonymat de leurs patients et le secret des entretiens. Les magistrats également, ainsi que de nombreuses professions qui touchent aux affaires de l'État, de l'armée, etc.

Cette garantie de confidentialité est essentielle pour qu'une personne en difficulté puisse se raconter en toute confiance. Derrière la porte close du cabinet du thérapeute, elle sait qu'elle peut se livrer, ne plus contrôler ses émotions, parler de son intimité, de sa sexualité, de ses doutes ou de ce qui lui fait honte. Tout peut être dit et rien ne sortira de ces quatre murs.

Malheureusement, les transgressions du secret professionnel existent. Parfois par cupidité, parfois par maladresse, parfois par légèreté ou distraction. Parfois par décision très réfléchie, mais parfois encore par habitude, sans conscience, comme on peut le noter face à la fréquence avec laquelle des médecins révèlent un diagnostic de cancer à un membre de la famille d'un malade, sans en avoir préalablement discuté avec ce dernier. Une fois dans la confidence, le proche se trouve exactement dans la situation expliquée plus haut : soit il trahit le médecin, soit il trahit le malade. On observe malheureusement que souvent, sous le coup de la douleur et comme si c'était la procédure à suivre, le proche préfère mentir au malade... Des gens qui se sont aimés durant des dizaines d'années, un couple qui a traversé la vie la main dans la main, des enfants et leur parent vont se séparer à jamais sans pouvoir se parler sincèrement... C'est une situation insupportable, qui est créée par la transgression du secret professionnel.

> Monsieur et Madame V ont respectivement 84 et 78 ans et vivent ensemble dans la maison où ils se sont installés après leur mariage. Leurs enfants habitent loin et sont assez pris par leur vie familiale et professionnelle. Ils ne se voient que fort rarement. Depuis quelques mois, Monsieur V souffre d'une toux persistante associée à des douleurs dorsales, et son médecin le fait hospitaliser pour pratiquer divers examens. Pendant cette période, Madame V, qui ressent des maux de ventre inquiétants, en profite pour faire effectuer des contrôles sur les conseils de son gynécologue. Étant hospitalisés dans deux services différents, ils ne sont pas mis au courant de leur diagnostic de la même manière. Force est de constater que cet aspect du suivi médical est géré de façon assez arbitraire.
>
> En effet, le spécialiste juge nécessaire d'informer Monsieur V de son diagnostic, cancer du poumon, et par la même occasion du diagnostic de son épouse,

cancer de l'utérus et des ovaires, sans en référer à celle-ci, qui n'est mise au courant de rien. Elle ne présentait pourtant aucun signe de sénilité ni de détresse psychologique qui aurait éventuellement pu justifier son incapacité à entendre la réponse à sa question. Elle a clairement demandé au médecin s'il s'agissait d'un cancer et il lui a répondu : « Non. »

La suite de l'histoire de ce vieux couple est dramatique. Une fois revenus tous deux à la maison, Monsieur V a exprimé ses doutes auprès des aides-soignantes quant au bien-fondé des mensonges à l'égard de sa femme, mais elles l'ont conforté dans la voie prise à l'hôpital. La réponse fausse d'un médecin bien intentionné, suivie des confirmations sans fondement d'infirmières de bonne volonté ont néanmoins constitué un cocktail létal.

Quelques semaines plus tard, ne se trouvant pas la force de rétablir la vérité tout seul, se sentant fort isolé, peu soutenu par des professionnels surchargés et écrasé par sa souffrance silencieuse, Monsieur V s'est pendu dans sa remise au fond du jardin. C'est son épouse, inquiète de sa trop longue absence, qui l'y a trouvé.

Elle ne comprend toujours pas ce qui a pu se passer pour que son mari commette un tel acte de désespoir et toutes ses questions se heurtent au mur du silence, de la gêne, de la honte, de la fuite... Elle est maintenant tout à fait seule.

Combien de drames encore avant qu'on ne se rende compte que nous devons tous – soignants et familles – changer nos habitudes de fonctionnement à ce sujet ?

> Outre le fait que la transgression du secret professionnel est éthiquement indéfendable, ne fermons pas les yeux sur les conséquences désastreuses de cette pratique lorsqu'elle pousse les familles et les couples dans l'enfer du mensonge prolongé et les divise souvent jusqu'à la mort du patient, les empêchant de mettre en ordre certaines choses importantes à leurs yeux, de se dire ce qu'ils ont représenté les uns pour les autres, de communiquer dans la sincérité ou de simplement se dire au revoir.

Que devrait-on faire ? Dans ce type de cas, que je connais bien pour avoir travaillé durant une dizaine d'années au sein de services hospitaliers qui côtoyaient la mort, la transgression incombe aux médecins. Non qu'ils soient légers ou inconscients, loin de là, mais parce qu'ils ne savent pas comment faire autrement. Ils n'ont pas appris, ne prennent pas le temps de se poser la question et répètent ce que leurs maîtres leur ont enseigné et ce qui se pratique habituellement, pensant ainsi protéger leurs patients d'une douleur existentielle affolante : la connaissance de leur propre mort. En pratiquant de la sorte, ils se protègent également eux-mêmes en évitant de devoir faire face à la souffrance psychique de leurs patients.

Heureusement, les habitudes changent. L'heure est à la vérité et aux paroles sincères. Les membres du corps médical ont pris conscience que leur désir d'apaiser les difficultés des patients en leur cachant leur diagnostic créait des problèmes relationnels insurmontables aux familles.

Ils apprennent aujourd'hui à prévoir cette issue en demandant à leur patient, qui doit rester au centre du processus, ce qu'il souhaite. Il n'est pas nécessaire de poser des questions directes, mais juste d'envisager des options avec lui et, le cas échéant, de lui dévoiler progressivement la vérité difficile au rythme de ses questions et compréhensions.

> Au moment où je recevrai les résultats de vos examens, souhaitez-vous être informé ou non ?
> Si oui, souhaitez-vous être accompagné d'un proche à ce moment-là, ou préférez-vous être seul avec moi ?
> Si non, m'autorisez-vous à en parler à un de vos proches ? Lequel ?
> Puis-je informer votre famille de vos résultats ou préférez-vous le faire vous-même ?

Le questionnement paraît ici un peu schématique, il est évident qu'il doit s'adapter à chaque situation et s'étendre si nécessaire sur plusieurs consultations, mais il devrait être systématiquement mené. Le médecin amène son malade progressivement vers un choix clair : soit ce dernier garde tout pour lui et le médecin se taira, soit il ne veut pas s'enfermer dans ce silence et il choisit à qui le médecin peut en parler, soit seul, soit ensemble. De cette manière, il n'y pas de problème de non-dit étouffant, ni de transgression du secret professionnel.

Sous les draps... et ailleurs

À l'heure où le moindre clip se chante sur fond de déhanchés lascifs, où l'on nous vend du shampoing comme une promesse d'orgasme et où les *sex toys* s'invitent aux soirées entre copines, rares sont cependant les couples qui communiquent à propos de leur sexualité et de leurs désirs sensuels. Comme si la banalisation et l'étalage du sexe signifiait que nous sommes naturellement censés savoir comment nous y prendre.

Mais comment pouvons-nous faire si personne ne nous en a jamais rien appris ? Et même si nous lisons quelques livres sur le sujet, l'homme ou la femme que nous avons dans les bras ne ressemble à personne d'autre. Chaque individu a sa sensibilité, ses zones érogènes plus ou moins développées, ses petits désirs cachés, sa fragilité, ses fantasmes coquins... Ce qui enchante notre propre corps ne plaît pas nécessairement à notre partenaire, et ce que notre amour précédent a adoré ne charmera peut-être pas celui-ci.

Les mots sont nécessaires pour ce qui ne peut se deviner. Cela vous paraît incongru de parler du plaisir sexuel ? Certains n'oseront jamais, les uns pensent qu'ils savent intuitivement, les autres que parler romprait le charme. Chacun son style... Mais dans le secret de nos cabinets, thérapeutes et sexologues, nous savons que tout irait mieux dans les corps à cœur si les couples se parlaient de leur désir et de leur plaisir.

– Tu aimes quand je te caresse comme ceci ?
– Mon amour, j'aime tout ce que tu me fais !
– Tant mieux, mais je voudrais savoir, quand je te caresse juste là, tout doucement comme ça, tu aimes ? Ou tu préfères comme ça ?

– Ah oui, comme ça j'aime mieux… Oui… Ça aussi… Non pas si fort… Oui, comme ça…
– J'aime bien quand tu me dis, ça m'aide à te faire plaisir.
– Tu n'es pas comme les autres, personne ne m'a jamais demandé ce que j'aimais.
– Laisse les autres dans le rayon des souvenirs, tu es ici avec moi maintenant.
– Oui, et je compte bien y rester !
– Doucement, doucement, ne va pas si fort… Oui, comme ça, c'est parfait, plus haut, oui… Là… J'aime quand tu mets ta main comme ça… Ça t'ennuie si je te dis ce que j'aime ?
– Non, heu… Je me dis que j'aurais peut-être dû le savoir tout seul, mais c'est vrai, au fond ça m'aide…
– Tu n'es pas dans mon corps ! Tu ne peux pas tout deviner. On est très différents.
– Oui, en fait, oui… C'est peut-être un vieux relent d'orgueil…
– Si tu continues à me câliner comme tu le fais, ton orgueil n'a rien à craindre… Tu as des mains magiques… Je me sens comme un instrument de musique que tu fais chanter du bout des doigts…

Je vous laisse imaginer la suite… Osons dire nos désirs mais aussi nos difficultés, dans une relation de respect. J'aime bien… Je préfère… Je me sens un peu mal à l'aise… Ce partage intime rapproche les amants et augmente la confiance réciproque. Chaque personne est unique, et personne n'est transparent, même la personne que nous avons tous les jours dans les bras.

Je vous propose un petit jeu de couple. Prenez chacun une feuille de papier et de quoi écrire. Divisez la feuille en deux colonnes. Au-dessus de celle de gauche, vous notez : « J'aime quand tu… » et, au-dessus de celle de droite, vous écrivez : « Tu aimes quand je… ». Et puis vous vous laissez aller à compléter ces débuts de phrases par ce qui vous passe par la tête. Sur le plan de la sensualité mais aussi de manière plus générale sur le plan amoureux.

Par exemple : J'aime quand tu… :

- me masses les épaules
- n'oublies pas mon anniversaire
- m'apporte mon petit déjeuner au lit le dimanche
- etc.

Tu aimes quand je :

- te rejoins dans le bain
- me montre un peu sauvage
- te fais des surprises
- etc.

Et puis vous comparez !

Vous serez heureux et rassurés si vos hypothèses concordent, mais peut-être surpris de découvrir que certains actes qui vous paraissaient anodins sont importants pour votre conjoint, ou qu'au contraire vous vous échinez à proposer quelque chose qu'il ou elle n'apprécie pas vraiment.

Parmi d'autres, un témoignage anonyme sur Internet :

> « J'ai l'impression que beaucoup de femmes ignorent beaucoup de notre intimité et qu'il est parfois difficile de faire passer les messages sans blesser leur fierté ! C'est très frustrant de s'ouvrir sur un désir et de voir sa partenaire se vexer parce qu'elle a l'impression qu'on lui reproche de ne pas bien s'y prendre alors qu'on dit simplement ce dont on a envie. »

Visiblement, cet internaute a essayé, mais sans grand bonheur ; je le cite encore :

> Qui n'a pas entendu parfois, après avoir guidé sa partenaire ou précisé un désir, des paroles du type :
> - inquiète : « je ne suis pas assez belle pour toi ? »
> - chantage : « tu ne m'aimes plus ? »
> - incompréhension : « avant un rien t'excitait »
> - reproche/chantage : « là j'ai plus envie »
> - paniquée : « qu'ai-je fait de mal »
> - effondrée : « je suis nulle au lit c'est ça ? »
> - blessée : « tu veux me tromper ! Tu en aimes une autre ! »
>
> Je veux bien que mon constat ne soit pas une généralité, mais je pense qu'il est le reflet d'une certaine réalité et que notre société n'est pas si « libérée » que cela (dans le bon sens du terme) sur le plan sexuel et que les tabous font finalement le lit d'une certaine ignorance.

Les thérapeutes des âmes et des corps entendent, dans le secret de leurs cabinets, les frustrations, sensuelles et sexuelles, que les intéressés n'ont jamais osé exprimer à leur partenaire.

Osons dire ce que nous aimons, à la personne que nous aimons. Avec délicatesse et gentillesse, mais avec sincérité. Il ne peut en résulter que de meilleures rencontres. La sexualité ressemble parfois à l'état le plus proche de la fusion des corps et des cœurs, mais ce sont toujours deux corps différents, qui se connaissent au fil du temps, mais qui ne se devinent jamais entièrement.

Les poisons de la communication et leurs antidotes

Venons-en maintenant aux mécanismes de la communication entre adultes, lorsque le sujet n'est pas facile et que la relation est éventuellement un peu tendue, voire très abîmée. J'entends par là ces discussions que nous devrions avoir, que nous essayons d'obtenir, mais parfois sans succès...

Examinons ensemble les bâtons qui se mettent dans nos roues et les moyens de les ôter.

Refus du dialogue

« Sans indiscrétion, vous êtes toujours mariés ? »... « Je ne voudrais pas être indiscret, mais vous avez des enfants ? »... « Sans vouloir être curieux, vous faites quoi dans la vie ? »

Qu'elles sont pénibles ces questions qui, sous des dehors apparemment polis, s'invitent dans les territoires les plus personnels de notre vie !

« Sans vouloir te blesser, je n'ai jamais compris ce que tu trouvais à cet homme-là ! » La bouche en cœur, il saute à pieds joints dans la plaie ! Oh, désolé, je ne voulais pas te faire de la peine !

Mais de quoi il se mêle ? Fallait réfléchir avant ! Cette petite introduction prudente ne permet pas toutes les intrusions ! S'il ne veut pas être indiscret, alors qu'il ne le soit pas ! S'il ne veut pas me blesser, alors qu'il s'abstienne ! Respect du territoire, s'il vous plaît !

Bien sûr, nous avons le choix de ne pas répondre. Mais quand nous sommes déstabilisés par une question gênante, il n'est pas facile de s'en sortir avec aplomb, sans rougir ni rugir. Ce n'est pas parce que nous partageons la même salade chez nos amis du samedi soir que tout le monde est invité dans notre chambre à coucher !

Je me souviens avec émotion des réponses embarrassées, qui tâchaient d'être courtoises mais n'étaient que souffrance, de mon accompagnateur touareg face aux questions tranquillement intrusives de certains participants aux voyages que j'organisais dans le désert il y a une dizaine d'années. Il avait récemment perdu sa femme et sa petite fille dans un accident de voiture dont il avait lui-même réchappé, et chaque fois, avec son doux sourire qui cachait mal sa tristesse, il essayait de sauver la face en répondant gentiment. Dérouté par nos manières directes si différentes de sa culture, il ne savait comment réagir. Soucieux de ne pas nous vexer, il répondait comme il pouvait, puis s'éloignait, seul, et derrière un rocher, à genoux, il pleurait...

Sans aller aussi loin que les dunes sahariennes pour réfléchir au caractère irrespectueux des questions personnelles, nous qui sommes si farouches quant au respect de la vie privée, soyons prudents. Si nous rencontrons un couple qui ne parle pas une seule fois de ses enfants au cours d'un repas chez des amis communs, laissons-le tranquille sur ce point, nous ne savons pas où nous mettons les pieds. Ils sont peut-être aux prises avec un enfant qui va fort mal et dont ils n'ont pas envie de parler, dans un contexte où les autres parents leur paraissent plus chanceux. Ils essayent peut-être désespérément d'en avoir et c'est un sujet douloureux... Nous n'en savons rien. Et s'ils ont des enfants dont ils ont envie de parler, ne nous en faisons pas, ils le feront spontanément ! Alors le terrain sera dégagé pour une conversation sur le sujet.

Il arrive qu'un célibataire qui souffre de sa solitude soit interrogé sur son couple par de gentils convives très curieux. Et la question : « Vous faites quoi dans la vie ? » à quelqu'un qui traverse un sale moment où seul le chômage l'empêche de sombrer...

Ben quoi, alors, on ne peut plus poser de questions aux gens qu'on ne connaît pas ? Nous pouvons poser toutes les questions que nous voulons, mais réfléchissons au but que nos poursuivons. Si nous ne voulons vraiment pas blesser, si nous ne voulons vraiment pas être indiscrets, alors n'avançons pas à l'aveuglette sur un terrain inconnu, qui pourrait être miné. Attendons de voir...

La règle est simple, il suffit de se limiter au territoire ouvert par notre interlocuteur, lorsque nous ne le connaissons pas. S'il parle lui-même de son conjoint, de ses enfants, de ses parents ou de son boulot, il autorise implicitement un échange sur ce sujet. Si en revanche aucune porte ne s'ouvre sur ces zones personnelles, nous avons le choix : soit un respect de ses limites, soit une intrusion assumée. À nos risques et périls !

Nous avons toujours le droit de refuser de communiquer avec quelqu'un.

Les raisons de ce refus nous sont personnelles. Une personne nous impose un dialogue sur une question que nous ne voulons plus traiter, tout a été dit et nous ne souhaitons plus revenir sur ce sujet. Ce pourrait être aussi parce que le ton des échanges nous épuise : colère, reproches et autres insanités, nous ne le supportons plus. Ou encore parce que cette personne nous déplaît profondément et que nous ne voulons même plus faire le moindre effort pour nous rapprocher un tant soi peu d'elle. C'est notre droit le plus strict. Mais comme chaque fois, tout aura des conséquences. Dans la plupart des cas, on peut les imaginer heureuses : nous avons enfin la paix ! C'est le but !

Cependant, notre refus peut aussi engendrer des éloignements, des jugements et des rumeurs que nous ne pourrons probablement pas maîtriser, ainsi va la vie.

En revanche, lorsque la situation est inversée, si c'est nous qui sommes motivés et l'autre qui refuse, nous avons plus de possibilités que nous ne le pensons pour obtenir une discussion qui nous paraît nécessaire et légitime. Ne baissons pas les bras avant d'avoir essayé de la manière la plus efficace possible.

Nous avons déjà tenté un peu maladroitement, puis demandé avec insistance, mais visiblement nous nous y prenons mal, c'est un échec. Or, l'enjeu en vaut la peine, nous savons intimement que nous devons restaurer un dialogue avec cette personne, nous le voulons parce qu'elle a de l'importance dans notre vie.

Comment nous y prendre ? Pour commencer, émettons une demande directe et claire, en choisissant un moment où elle peut être entendue. Il faut au moins que la personne ait quelques instants de disponibilité pour l'entendre et répondre à notre question. Si ce n'est pas possible de le faire de vive voix, nous pouvons aussi formuler notre requête par écrit. Cette première demande est uniquement destinée à définir notre besoin de discuter et à envisager où et quand ce serait possible : « J'ai besoin de te parler de tel sujet et je voudrais que tu m'écoutes. J'aimerais aussi t'entendre sur cette question. Je me rends compte que jusqu'à présent nous n'y sommes pas arrivés. Je me dis que c'est en partie de mon fait, peut-être parce que je m'y prends mal. Alors, est-ce que tu acceptes que nous en discutions et, dans ce cas, dis-moi quand tu pourras te rendre disponible et où tu préfères que cela se passe. »

En laissant à l'autre le choix du moment, nous empêchons l'usage d'excuses de type « je n'ai pas le temps ». En lui demandant sa préférence quant au lieu, nous nous assurons un meilleur confort pour lui, donc nous favorisons son acceptation. Nous lui montrons que nous prenons soin de lui laisser définir les conditions qui lui conviennent, mais aussi que nous souhaitons que cela se passe dans un lieu propice à une bonne discussion, un endroit où nous ne serons pas dérangés.

Libre à nous, bien entendu, d'accepter ou non, ou de faire une contre-proposition. Il est parfois préférable de choisir un terrain neutre, qui ne met pas plus l'un que l'autre dans une position de dominance. Cette première étape est décisive parce qu'elle fixe le cadre. Si celui-ci est déterminé en concertation, cela signifie que la possibilité d'une discussion est acceptée et que chacun y a mis de la bonne volonté. C'est un début favorable.

Le fait de reconnaître que « c'est en partie parce que je m'y prends mal » n'est pas un aveu obligatoire. Cette entrée en matière n'est efficace que si elle est sincère et si nous sentons qu'elle peut avoir un effet apaisant.

Ensuite, au moment de la discussion, ne commençons pas tambour battant. Si obtenir cet accord a été délicat, nous avons tout intérêt à remercier pour cet effort ou au moins à manifester que nous apprécions cette entrevue.

Avant de commencer, définissons le sujet dont nous voulons discuter – ça, c'est encore assez simple – mais, de plus, clarifions notre but et aussi ce que nous voulons éviter. Ce préalable est très efficace. Il va servir de guide et de garde-fou tout au long de l'entretien, et devra probablement être répété en cours de route pour bien rester dans ce cadre protecteur.

Notre but pourrait être :

- Je souhaite trouver un accord définitif sur telle question, une décision sur laquelle nous serions tous deux d'accord.

- Je voudrais que tu comprennes ce que je vis, parce que j'ai l'impression que tu l'ignores, et certains de tes comportements me blessent.
- J'aimerais qu'on soit capables, toi et moi, d'aller au bout de tout ce que cette histoire remue en nous, pour qu'on puisse mieux se comprendre et continuer à bien collaborer.
- Je voudrais pouvoir te parler sans que tu m'interrompes, je voudrais pouvoir aller au bout de ce que j'ai à te dire, sans me sentir sous pression. Ensuite, tu auras tout le loisir de réagir, et je t'écouterai sans t'interrompre. Je pense que ce sera plus serein et plus facile comme cela.
- Je voudrais qu'on revienne sur cette histoire. Je garde un souvenir amer de la manière dont cela s'est passé et de la dispute qu'on a eue ensuite. J'aimerais qu'on se comprenne mieux, pour que cela ne se reproduise plus.
- Je me rends compte que je t'ai assez mal écouté avant-hier. J'ai été un peu brutale. Je peux comprendre ce que tu ressens et ça m'a fait réfléchir. Est-ce que tu acceptes qu'on se donne une seconde chance ? Qu'on recommence la discussion au début ?

Ce que nous voulons éviter pourrait être :

- Je ne veux en aucun cas te faire de la peine. Ce n'est pas un sujet facile à aborder, mais mon but est de maintenir une bonne relation avec toi, pas de l'abîmer.
- Je n'ai pas envie que tu t'énerves durant cette discussion. C'est difficile pour moi de faire face à tes

emportements, parce que je n'ose plus parler de certains sujets, or ils nuisent à notre relation.
- Je te demande de ne pas me couper la parole.
- Le but de cette conversation est d'arranger les choses, pas de les envenimer, mais c'est difficile. Alors je te demande pour une fois de ne pas te moquer de moi ou de ridiculiser mes propos. Je me sens toujours mal quand tu tournes ce que je dis en dérision, j'en perds mes moyens, et je ne veux pas que cela se passe encore ainsi aujourd'hui.
- Je ne te juge pas. Je voudrais pouvoir exprimer mon avis sans que tu te sentes critiqué. Nous n'avons pas la même vision des choses, mais ce n'est pas un combat. Je souhaiterais aussi que tu ne me juges pas. Il n'y en a pas un qui a raison et l'autre tort. Il y a du bon dans nos opinions, autant la tienne que la mienne.
- Je ne veux pas que nous revenions encore une fois sur ces histoires de familles. Je trouve qu'on en a fait le tour dix fois, les choses sont comme elles sont et je ne tiens pas à reparler de tout cela. Mon but est plutôt de clarifier ceci.
- Etc.

Plus nous définissons le but que nous visons, de manière positive et constructive, plus nous nous donnons de chances d'aboutir. Quant aux balises qui définissent les limites à ne pas franchir, il faut les identifier et elles sont nécessaires, mais il n'en faut pas trop si la situation relationnelle est tendue, parce trop d'interdits risquent de crisper l'interlocuteur avant même qu'on ait commencé. Restons donc centrés sur l'essentiel.

Ensuite, si nous l'estimons utile, demandons s'il comprend le cadre que nous avons défini, s'il se sent capable de le respecter ou s'il a d'autres souhaits ou limites à formuler avant de commencer à discuter.

Tout cela peut paraître assez formel, et très « je te déroule le tapis rouge », mais ce sont ces précautions qui permettent d'avoir enfin la conversation qui nous échappe et dont l'absence empoisonne la relation, au point parfois de risquer la rupture. Ce n'est donc pas un luxe, ni une manière de s'abaisser. C'est juste une définition honnête et à haute voix de ce que nous souhaitons, au-delà des énervements ou des frustrations qui nous minent, ou même de la colère qui brûle en nous.

Les discussions difficiles sont parfois des discussions « de la dernière chance ». Nous vivons une situation qui se dégrade de plus en plus. Nous avons essayé d'accepter, nous avons fait le gros dos et tâché de ne plus y penser, mais nous n'y parvenons plus. Nous avons tenté d'en parler, maladroitement sans doute, et rien n'y fait. Nous sentons aujourd'hui que si nous n'arrivons pas à aborder tel ou tel sujet, c'est la mort de la relation. Ou en tout cas sa profonde dégradation, ce que nous ne souhaitons pas. Alors, mettons toutes les chances de notre côté. Contrôlons notre énervement, modulons nos émotions et allons-y.

Si nous ne l'avons pas fait au préalable, il n'est pas mauvais, parfois, de commencer par reconnaître notre part de responsabilité dans ce qui ne va pas. Non seulement c'est une partie de la vérité qui doit être reconnue, mais cet aveu a évidemment un effet positif sur l'interlocuteur, qui voit immédiatement que ce ne sera pas un réquisitoire contre lui. C'est très apaisant.

Ensuite, la discussion commence. De manière générale, nous tâchons de garder le cap. Nous nous exprimons calmement, en pesant bien nos mots, sans exagérations intempestives ni reproches. Nous avons vu au cours des précédents chapitres comment bien nous exprimer, essayons donc de mettre tout cela en pratique !

Cependant, au cours du chemin, quelques obstacles peuvent tout faire capoter. Passons les plus fréquents en revue et regardons comment nous pouvons empêcher les dérapages excessifs.

Minimiser

Sous-évaluer la portée des propos de celui qui s'explique ou minimiser sa propre implication sont des moyens faciles pour court-circuiter une discussion.

Deux amies essayent de comprendre pourquoi elles s'accrochent dans certaines circonstances, et en particulier quand l'ambiance est excellente, ce qui les surprend chaque fois et nuit à la relation.

> – Je ne supporte plus que tu insistes autant quand je te dis que je ne veux pas faire quelque chose.
> – Mais je n'insiste pas ! J'ai juste envie que tu viennes avec moi ! C'est tout !
> – Mais si, tu insistes ! C'est justement ça que je trouve difficile. Tu me demandes dix fois, vingt fois la même

chose alors que depuis le début je dis non. Quand j'ai pas envie, j'ai pas envie !
– Mais enfin, tu t'énerves pour rien ! Je ne te frappe pas, quand même !

La seconde minimise ce que la première exprime. Avec une pointe de moquerie de surcroît lorsqu'elle dit qu'elle ne la frappe pas, ce qui semble vouloir dire que ses insistances ne sont pas aussi graves que des coups, donc que ce n'est pas grand-chose.

Minimiser son implication ou la portée de ses actes est une défense spontanée et souvent sincère, mais elle repose sur une mécompréhension, que nous avons détaillée en début d'ouvrage : nous ne vivons pas les choses de la même manière. Lorsqu'une personne donne une gifle à une autre, elles n'ont pas le même vécu ! Pourtant, c'est le même événement. C'est pareil ici. Visiblement, la seconde copine ne mesure pas combien la première est énervée par son insistance. Cette dernière le vit comme un profond manque de respect de qui elle est, de ses envies et de ses limites, mais elle se sent également poussée à devoir hausser le ton pour se faire entendre, ce qui lui déplaît beaucoup parce que cela fait d'elle « la mauvaise ». À ses yeux, l'agression provient de l'insistance de son amie, mais aux yeux de cette dernière, c'est la réponse exaspérée qui est agressive, puisqu'elle-même minimise son implication.

Pour sortir de ce cercle vicieux de « qui agresse qui », elles ont eu une discussion prudente mais aboutie qui leur a permis de comprendre le fossé entre leur intention et l'effet produit.

Pour ne pas reconnaître leur part de responsabilité dans la dégradation du dialogue, les personnes qui minimisent le caractère agressif de leurs déclarations taxent celui qui se sent blessé de susceptibilité. La personne agressante sous-entend par là que ses paroles ou comportements ne comprennent aucun caractère excessif, et que c'est uniquement une sensibilité anormale de l'interlocuteur qui crée le problème. Cette interprétation est, une fois de plus, le reflet d'une vision égocentrée. La compréhension égocentrée est acceptable chez les enfants : ils voient et comprennent le monde à partir d'eux-mêmes, ils ne sont pas encore capables de se projeter dans le point de vue de l'autre.

Une fois adultes, nous sommes censés avoir compris ! Même si ce n'est pas facile, nous devons régulièrement essayer d'appréhender la manière dont notre interlocuteur voit, ressent et comprend son univers. Et pour cela, la plus simple des façons consiste à l'interroger.

> Comment comprends-tu ce qui s'est passé ?
> Qu'est-ce qui t'irrite exactement ?
> Qu'avais-tu voulu faire quand tu as pris cette décision ?
> Quelle était ton intention ?
> J'ai l'impression que tu as pris un peu de distance avec moi. Y a-t-il quelque chose qui t'a froissé ?
> On vient d'avoir une discussion qui n'était facile ni pour toi ni pour moi. Qu'est-ce que tu en retiens ?

> Comment as-tu vécu cette soirée ?
> Comment trouves-tu que je me comporte avec toi ?

Changement de registre

Pour mener à bien une discussion avec quelqu'un qui y échappe en changeant de registre, nous devons évidemment percevoir ce glissement. Je l'ai mentionné au deuxième chapitre.

La plupart du temps, lorsque nous exprimons un souci ou une difficulté, nous nous engageons sur le terrain émotionnel ou affectif. L'intensité de ce registre est parfois difficile à supporter pour les personnes qui ne s'y sentent pas très à l'aise ou qui n'ont pas l'habitude de s'introspecter. La défense immédiate consiste à sortir du chemin, d'une manière ou d'une autre.

Si notre besoin est de parler d'un sentiment, d'un ressenti ou d'une émotion, ne nous laissons pas entraîner dans d'autres directions. Gardons le cap de ce qui est important pour nous.

> – Je me sens si triste parfois, j'ai l'impression d'être seule au monde…
> – Mais enfin, tu n'es pas seule, je suis là ! Tu as ta famille, tes copines…

La jeune femme s'exprime sur un plan émotionnel et son ami lui répond en déclinant la liste de ses proches. Dont elle n'ignore pas l'existence, bien entendu ! Comme si elle allait répondre : « Ah oui, heureusement que tu me le dis ! Je les avais oubliés, ceux-là ! » Réponse ironique, évidemment, à une intervention anodine et certainement régie par de bons sentiments. Heureusement ! Mais ce sont les multiples déviations qui rendent les discussions sensibles si difficiles à mener. L'envie de l'interlocuteur est très probablement d'apaiser la douleur de son amie, mais que fait-il en vérité ? Sa réponse est quelque peu méprisante, même si ce n'est ni son sentiment ni son intention, mais ses mots le sont : ils disent, en substance, qu'elle n'a pas à se sentir seule puisqu'elle est entourée. Qu'est-ce que cela sous-entend ? Qu'elle est amnésique ? Aveugle ? Qu'elle se plaint pour des bêtises ?

Malheureusement, cette simple petite intervention, même si elle reflète l'envie d'aider, ne va pas au cœur de ce qui est exprimé.

Examinons deux suites possibles :

> – Je me sens si triste parfois, j'ai l'impression d'être seule au monde...
> – Mais enfin, tu n'es pas seule, je suis là ! Tu as ta famille, tes copines...
> – Oui, je sais... Je ne devrais pas me plaindre...
> – Mais oui ! Allez, arrête de broyer du noir, ça n'arrange rien.
> – Peut-être... Mais c'est dur, parfois...
> – Mais non ! Tu as tout ce qu'il faut pour être heureuse ! Il y a des gens bien plus malheureux que toi.
> – Oui, je sais, mais je me sens parfois tellement différente.
> – Mais non, arrête... Tout va bien, ne t'en fais pas... Je suis là...

– Je me sens si triste parfois, j'ai l'impression d'être seule au monde...
– Qu'est-ce que tu veux dire ?
– Je me sens si différente des autres.
– Comment ça ?
– Oui, je me sens... séparée des autres. J'ai l'impression qu'ils se débrouillent tous tellement mieux que moi.
– Et toi ? Tu penses avoir plus d'efforts à faire ?
– Moi, je trouve que ma vie est difficile. Pourtant, objectivement, je n'ai pas vraiment à me plaindre sur le plan matériel, mais ce n'est pas ça...
– C'est quoi ?
– Je ne sais pas exactement... Un peu comme si ma vie n'avait pas de sens.
– Tu ne trouves pas de sens à ta vie ?
– Oui, c'est ça... J'ai l'impression que les autres n'ont pas cette préoccupation. Je ne sais pas, en fait... Je me fais peut-être des illusions. C'est peut-être une question difficile pour tout le monde...

Même si le premier partenaire essaye de se montrer affectueux, n'y a-t-il pas plus de vérité dans le second dialogue ?

L'interlocuteur est réellement à l'écoute, il essaye de comprendre ce qui se cache derrière cette première petite phrase, qui est à ses yeux un petit signal d'alarme : « Attention, elle ne va pas très bien, elle essaye de me dire quelque chose de sensible. Je me tais, je ne lui coupe pas la parole et j'accueille sans jugement. » Il se met au volant de la petite voiture d'écoutant, comme décrit dans le deuxième chapitre.

Mais si nous n'avons pas un bon écoutant, si nous sommes en face du premier qui, croyant bien faire, nous musèle, finalement que pouvons-nous faire ?

Recommençons :

– Je me sens si triste parfois, j'ai l'impression d'être seule au monde...
– Mais enfin, tu n'es pas seule, je suis là ! Tu as ta famille, tes copines...
– Je sais, mais ce n'est pas ce dont je parle. Je te parle de quelque chose de plus intérieur. Une espèce de solitude interne...
– Mais enfin, comment peux-tu dire cela ! Tu es si bien entourée !
– Je voudrais que tu arrêtes de me contredire. Je n'arrive pas à m'exprimer si tu me coupes chaque fois. Je sais que j'ai des amis et une famille, je n'ai pas besoin que tu me le rappelles. Ce n'est évidemment pas de ça que je veux parler.
– OK. De quoi veux-tu parler alors ?

Honnêtement, à la place de cette jeune femme, avec ce type de réponse, je ne sais pas si j'aurais encore envie de m'exprimer ! Je sens l'énervement poindre... Mais bon, gardons espoir, essayons encore une fois.

– J'ai l'impression que ma vie n'a pas beaucoup de sens
– (Il se tait, preuve de sa bonne volonté !)
– J'ai tout ce qu'il faut pour être heureuse, et pourtant je n'y arrive pas.

– Qu'est-ce que tu veux dire ? (Ça y est, il a compris ! Il y a de l'espoir !)

La suite de cette troisième version est plus ouverte, la jeune femme tient bien la barre, elle sait ce qu'elle veut faire passer comme message et a compris que ce serait difficile, mais pas impossible. Quant à l'autre, il s'est fait un peu remonter les bretelles et il semble avoir compris ! Il y a de fortes chances que, si on les laisse tranquilles, ils arriveront à se comprendre sur ce plan si sensible et que cela les rapprochera. Espérons.

Remplacer les reproches pas des informations ou des souhaits

Nous avons vu plus haut que « les reproches, c'est moche », mais par quoi les remplacer ? Quand nous sommes énervés, lorsque nous nous sentons blessés, si nous avons légitimement de quoi nous plaindre, comment nous y prendre pour que la discussion reste constructive et, surtout, efficace ? J'insiste sur l'efficacité parce que, finalement, c'est un des buts principaux de la communication. Lorsqu'on s'exprime, on a toujours une intention, même si on n'en est pas vraiment conscient. Et on ferait mieux d'être plus vigilant pour cesser de « parler en l'air », sans trop savoir ce qu'on dit, ni pourquoi on le dit.

L'objectif pourrait être :

- la réconciliation ;
- un besoin d'aide ;

- la disparition des comportements que nous ne supportons plus ;
- trouver une solution qui met tout le monde d'accord ;
- débloquer une situation et rendre les choses possibles ;
- prendre une décision commune ;
- nous rapprocher de l'autre, nous sentir aimés ;

et bien d'autres encore.

Lorsque l'ambiance est sereine et que notre interlocuteur est un champion de l'écoute, tout va bien, n'en parlons pas. Mais, bien souvent, nous ne sommes pas dans ces conditions idéales. Ce que nous avons à exprimer est désagréable, l'autre n'est pas vraiment disposé à nous écouter, et nous sentons que, si nous ouvrons la bouche, des reproches en sortiront.

- J'en ai assez de trouver la salle de bains comme un trou de cochon !
- Tu rentres de plus en plus tard, je dois tout assumer à la maison !
- Arrête de me parler sur ce ton, c'est insupportable !
- Cesse de te mêler de ma vie ! Arrête de fourrer ton nez dans mes affaires !
- Tu passes ton temps à parler de toi ! Toi, toi, toi, il n'y en a que pour toi !
- Vous gardez tout pour vous, vous ne donnez jamais rien, vous n'êtes que deux vieux égoïstes !

Comment formuler autrement les aigreurs qu'on a sur le cœur ?

De deux choses l'une : soit nous sommes vraiment en colère et nous avons pour seul but de le montrer, alors dans ce cas, lâchons-nous ! Rouspétons, crions, rugissons, c'est notre humeur et c'est notre droit de l'exprimer comme bon nous semble.

À quoi ça sert ? Cela soulage, certes, nous libérons la pression, mais où cela nous mène-t-il ? Parfois, vraiment, c'est salutaire ! La colère fait sauter le bouchon, la tension contenue jaillit : ça fait du bien ! Nous nous sentons ragaillardis et soulagés. Elle fait aussi (un peu) de bien à celui qui l'entend, par son caractère informatif. Elle montre la hauteur de notre frustration et elle informe l'interlocuteur qu'il n'a pas intérêt à pousser plus loin le bouchon. Cette colère est cadrante. Au moins, ça c'est clair. Les enfants, notamment, y réagissent bien. Après s'être fait gronder, ils sont souvent apaisés. Quelqu'un a mis la barrière au bon endroit, ils ne doivent pas le faire eux-mêmes, et ils ont bien compris le mode d'emploi, repos.

Mais au-delà de cette limite posée, dans nos relations avec les adultes, quelles sont les séquelles d'une « bonne gueulante » ? Parfois, les cicatrices sont indélébiles. Certaines disputes détruisent définitivement le lien. Toutes les liaisons affectives ne le supportent pas. Une amitié, par exemple, n'est jamais totalement indestructible. Certains reproches sont tellement durs à entendre, et tellement injustes, que l'affection n'y survit pas.

Alors, s'il s'agit de quelqu'un auquel nous tenons, nous pouvons nous y prendre autrement.

1. Décrire le comportement incriminé de manière factuelle.
2. Dire notre ressenti.
3. Exprimer ce que nous souhaitons à la place.

C'est assez simple, en fait. Mais il faut être sûr de vouloir vraiment aller sur la voie de la conciliation. Il faut que la concorde soit réellement notre but et, pour cela, il faut reléguer les reproches et la colère dans le tiroir des outils inutiles.

Reprenons les reproches entendus plus haut et voyons comment les transformer en demandes positives et efficaces.

« J'en ai assez de trouver la salle de bains comme un trou de cochon ! »

1. Quand je trouve la salle de bains en désordre, avec le linge sale par terre et les serviettes humides en boule,
2. je le vis comme un manque de respect, je me sens méprisée, comme si votre message implicite était « ça m'ennuie de ranger, mais Maman peut s'en occuper ».
3. Dorénavant, je voudrais que chacun étende sa serviette sur la barre et mette son linge sale dans le panier.

« Tu rentres de plus en plus tard, je dois tout assumer à la maison ! »

1. Quand tu rentres au-delà de 19 heures,
2. je me sens abandonnée face à l'ampleur des tâches, je suis fatiguée et découragée.

3. Cela me ferait vraiment du bien si tu pouvais t'arranger pour rentrer plutôt vers 18 heures, pour donner le bain des enfants ou surveiller leurs devoirs pendant que je prépare le repas. Qu'en dis-tu ?

« Arrête de me parler sur ce ton, c'est insupportable ! »

1. Quand tu me parles sur ce ton, en t'emportant comme ça,
2. je suis désemparée, je perds mes moyens, je me sens agressée, et ça me paralyse.
3. J'aimerais vraiment que tu puisses te contrôler et me dire ce qui est difficile pour toi d'une manière plus posée.

« Cesse de te mêler de ma vie ! Arrête de fourrer ton nez dans mes affaires ! »

1. Quand tu prends des initiatives ou des décisions à ma place,
2. je me sens envahie, comme dépossédée de ma possibilité de décider pour moi-même. Je le vis comme une intrusion dans ma vie privée.
3. Si tu as des idées qui me concernent, je préfère que tu m'en parles avant.

Et ainsi de suite. Cela a l'air un peu formel, mais chaque situation bénéficie d'une formulation adaptée. Il faut également que ce soit sincère, et pas juste un petit emballage pour faire passer la pilule ! Le fait de ne pas accuser l'autre, mais de décrire notre difficulté, est véritablement ce qui transforme le reproche en information. L'autre intérêt consiste à bien définir ce que nous voulons, ce vers quoi nous tendons. Cette partie montre clairement notre intention conciliante.

Si la situation est délicate ou la relation plutôt tendue, nous avons tout intérêt à clarifier soigneusement le but poursuivi et les écueils que nous souhaitons éviter.

1. Je ne voudrais pas que tu entendes ce que je dis comme une critique. Vraiment, sois sûr que je ne te juge pas. Je cherche juste à clarifier les points que je ne suis pas certaine d'avoir compris.
2. Je voudrais bien ne pas être indiscrète. Dis-moi si je vais trop loin. Mais je ne peux te donner le conseil que tu me demandes si je ne comprends pas telle ou telle chose.
3. Je ne suis pas fâchée. Et si je ne t'encourage pas, cela ne signifie pas que je suis opposée à ta décision. Je préfère ne pas exprimer d'avis pour éviter de te pousser dans l'une ou l'autre direction. J'estime en effet que ce choix t'appartient complètement. Il n'y a que toi qui puisses estimer ce que tu dois faire.

Pour favoriser une expression personnalisée, il arrive qu'on recommande de « s'exprimer en je ». Bien que ce soit un excellent conseil, cette formule curieuse n'est pas toujours bien comprise. En effet, il ne suffit pas de commencer sa phrase par « je » pour ensuite glisser un « tu » un peu plus loin. On entend alors des tentatives maladroites telles que : « Je trouve que tu exagères, tu râles pour tout, tu n'es jamais content, etc. » On sent l'effort pour ne pas accuser directement. La personne qui s'exprime a bien commencé par un « je », mais il y a une différence notoire entre « je trouve que tu es envahissant » et « je me sens envahie ». Malgré l'introduction par un « je », la formulation « je trouve que tu es agressif » ou « je trouve que tu es paresseux », etc., demeure un reproche direct qui provoque toujours une envie de riposte : « Mais non, je ne suis pas agressif ! Ou paresseux ! » L'individu accusé, n'ayant pas eu d'intention agressive, va réfuter l'accusation. S'il ne se sent pas paresseux (mais juste un peu fatigué par exemple), il est blessé et en conséquence il rejette la critique. Son irritation risque de se manifester par un reproche croisé, et c'est l'escalade.

Introduire son accusation par « Je trouve que » ne change rien à la proposition qui suit. Avec ou sans ces trois premiers mots, la phrase a le même sens et un impact assez semblable. Dans ce cas, commencer par « Je » n'est qu'un artifice de langage, assez inutile, une manière à peine amoindrie de persister dans les reproches. Restons donc bien attentifs à formuler la difficulté que nous vivons, notre ressenti, dans un but informatif.

Lorsque nous avons un reproche à émettre, notons aussi que ce qui est incriminé devrait n'être qu'un comportement particulier : un ton de voix, une attitude particulière, et non la personne elle-même. C'est plus facile à entendre pour celui qui est pointé du doigt. Même si chaque personne est responsable de ses comportements, l'accusé peut, si on formule le problème de cette manière, se dissocier temporairement du comportement qui a posé problème et l'examiner comme une facette de lui-même. Cela favorise sa capacité à entendre les désagréments que son geste provoque et le mettre en question, sans se sentir accusé en tant qu'individu.

Cela se passe mieux encore si nous y associons une appréciation positive à propos d'autres comportements proches :

> J'ai apprécié que tu me tiennes au courant de telle ou telle chose, je te remercie, mais pour ceci, je me suis senti mis devant le fait accompli, et cela m'a irrité.
>
> Je comprends que tu aimes raconter ce qui t'arrive, tes voyages, tes aventures, et souvent je te trouve très intéressant, tu as une culture impressionnante, mais parfois, et c'est le cas aujourd'hui, je n'en peux plus. J'aimerais que tu me laisses un peu de place, j'ai moi aussi des choses à dire, et j'ai besoin que tu m'écoutes.

Commencer la discussion difficile par un propos gentil, et la terminer de la même manière, est extrêmement efficace, si nous tenons à maintenir une bonne relation.

> ... mais quoi qu'il en soit, j'apprécie beaucoup de travailler avec toi, et je suis heureux de notre collaboration.
>
> ... mais je me réjouis de passer ce week-end avec toi, je suis sûr qu'on va bien s'amuser.

Ce qui est central, c'est de ressentir la véritable envie de sortir par la bonne porte : se comprendre et bien s'entendre.

Quand les mots réparent l'amour

Je m'appelle Loïc, j'ai 36 ans et je trompe ma femme. J'ai honte de le dire, parce que je l'aime profondément. Ce que je ressens pour elle est doux, profond et sérieux. C'est un amour solide que rien ne peut ébranler, il me semble. Je passerai toute ma vie avec elle, cela ne fait pas de doute. C'est la mère de ma petite fille et je l'aime vraiment. Cela n'a rien à voir avec la folie qui s'est emparée de moi récemment lorsque j'ai commencé à flirter avec une autre femme. Au début, c'était juste un jeu pétillant et sans danger. Je dominais parfaitement la situation ! D'ailleurs, ce n'était pas la première fois que je jouais à séduire, c'est tellement excitant ! Ça me rassure de sentir que je peux plaire aux femmes. J'aime séduire. Mais cette fois, je crois que j'ai dérapé, je ne contrôle plus rien, je suis comme envoûté, ça m'enchante et me torture à la fois. C'est presque comme si j'étais drogué ! Il faut dire qu'elle y a mis du sien, elle était célibataire, elle n'avait rien à perdre. Je me dis que je devrais arrêter, mais je l'ai dans la peau, c'est plus fort que moi. C'est une passion qui me ravage. Je fais très attention à ce que Marion ne découvre rien, j'efface toute trace, mais je me sens de plus en plus mal. Je n'aime pas l'idée de mener une double vie et en même temps je découvre que c'est si facile.

Je m'appelle Marion, j'ai 33 ans, et je viens de découvrir que mon mari me trompe. Il avait laissé traîner son téléphone et comme j'avais des soupçons depuis quelque temps, j'ai regardé. Le sol s'est dérobé sous mes pieds. Le monde s'écroule. Tout ce en quoi

> je croyais n'a plus aucun sens. Au début, il a tout nié en bloc ! C'est idiot, puisque j'avais des preuves ! Ensuite, il a minimisé, expliqué que ce n'était qu'un petit jeu sans gravité, récent et sans lendemain ! Il ment mal, je croyais le connaître et je découvre un lâche et un menteur ! Je l'ai pressé de questions jusqu'à ce qu'il crache le morceau ! Cela fait des mois qu'il a une relation suivie avec cette... cette... je vais dire femme pour ne pas être vulgaire... J'ai mal au plus profond de moi, mon ventre se déchire, je me sens trahie, trompée, humiliée, salie. Mes repères volent en éclats, je ne sais plus quoi faire. Je voudrais le quitter, mais nous avons une adorable petite fille et je ne veux pas qu'elle ait une vie d'enfant de divorcés, ballottée d'une maison à l'autre. Je sais ce que c'est, j'en ai assez souffert dans mon enfance. Et malgré mon immense colère, malgré ma douleur, malgré mon mépris pour mon mari, je dois dire qu'au fond de moi, je l'aime toujours... Ça fait encore plus mal... Je le hais parce que je l'aime !

Loïc et Marion cheminent depuis quelques mois dans la souffrance, la colère et les larmes, mais ils cheminent. Ils ont décidé d'essayer d'y voir clair, de se parler au-delà des cris de rage, de se comprendre malgré la trahison, de se dire ce qu'ils ne se sont jamais dit, de se regarder comme jamais ils n'avaient ouvert les yeux l'un sur l'autre. Ils ont jugé important de se donner un temps pour traverser le champ de bataille sans tout faire voler en éclats, ils ont essayé de préserver leur enfant et de ne pas foncer directement vers l'éclatement de la cellule familiale.

Au début, Loïc s'est écrasé, comme un coupable, mort de honte, vaincu, découvert, humilié, prêt à tout pour récupérer sa femme. Il a mis fin instantanément à sa relation parallèle, qui en avait perdu tout son sel, et s'est totalement investi dans la restauration de son couple. Marion a exigé des mesures draconiennes, une transparence absolue, un contrôle constant de ses déplacements. Et Loïc s'y est plié. Il était prêt à devenir l'ombre de son ombre, l'ombre de sa main, l'ombre de son chien, comme le supplie Jacques Brel, pour qu'elle ne le quitte pas... Il était évident pour Marion que son mari devait payer à hauteur de la souffrance qu'elle endurait elle-même. Cette période a été la plus noire de leur vie.

Mais, petit à petit, ils ont compris que ce calcul des souffrances respectives était vain, que jamais ils n'auraient l'impression que les comptes étaient rééquilibrés. Marion a même été tentée de tromper son mari, « juste pour qu'il sache ce que ça fait », mais c'était tellement destiné à blesser qu'elle se doutait que cela ne ferait de bien à personne, et certainement pas à elle-même.

Doucement, la rage a fait place à la peine, la peine a permis un questionnement moins violent, moins vengeur, plus juste, une interrogation plus adulte sur ce qui avait amené cette crise et sur ce qu'ils voulaient vraiment faire de leurs vies propres et de leur vie de couple. Les illusions sont tombées. La réalité de la nature humaine, avec ses zones d'ombre, ses démons et ses faiblesses, est entrée dans leur couple et la seule issue était de considérer les choses avec réalisme, indulgence et amour. Parce que l'amour était toujours là, c'est pour cela qu'ils souffraient tous les deux. Même malmené, galvaudé, bafoué et trahi, leur amour survivait. Ce qui les avait attirés l'un vers l'autre, ce qui les avait soudés au fil des années, ce lien fort et doux les unissait toujours. Au fil des mois, la tendresse, petite souris timide, s'est réintroduite dans leurs gestes. Les regards de Marion se sont faits moins meurtriers et ceux de Loïc moins « chien battu ». La dernière morsure de Marion a provoqué une vraie colère chez Loïc qui, pour la première fois, a osé sortir de sa pénitence et hurler qu'il n'en pouvait plus et qu'il ne voulait pas être condamné à payer à vie. Paradoxalement, cette puissance retrouvée a rassuré sa femme qui pouvait à nouveau le regarder avec un respect qu'elle ne ressentait plus depuis longtemps.

Aujourd'hui, ils poursuivent leur évolution vers une relation apaisée et solidifiée.

Il est un temps pour la colère, c'est légitime, il faut qu'elle s'exprime. Il est un temps pour la peine, les pleurs et les doutes, c'est humain. Vient aussi le temps des explications, des paroles qui soignent, des mots qui aiment et de ceux qui guérissent. Ces petites phrases prudentes qui recollent les morceaux, le premier mot gentil, la caresse d'un message affectueux qui peut être reçu, enfin.

Puis vient un jour le temps de tourner la page. Oublier n'est pas possible, les partenaires se souviendront toujours de cet épisode douloureux, mais tourner la page, oui, c'est possible. Faire payer à vie celui qui a trompé, c'est déséquilibrer le couple dans l'autre sens, la souffrance de celui qui paye devenant un jour plus lourde que la douleur de celui qui a été trompé. Et ce dernier, en faisant payer son partenaire, entretient aussi sa propre souffrance. C'est un mécanisme sans fin qui ne produit que deux perdants. Il s'agit de faire le deuil du partenaire parfait, le deuil d'une histoire sans nuages. Chacun peut un jour décider de s'affranchir de sa peine et ne plus camper sur sa douleur. Oui, cette page noire, ce chapitre blessant de leur histoire a eu lieu, ils ne l'oublieront pas, mais leur histoire continue et eux seuls peuvent en écrire le prochain chapitre. Ils savent que l'épreuve les a blessés, certes, mais aussi rendus plus forts, plus lucides et plus adultes. Oserait-on dire : plus heureux ?

Loïc et Marion, comme d'autres duos, des amis, un parent et son enfant, démontrent que presque tout peut s'apaiser lorsqu'on fait l'effort de communiquer. Parler, plutôt que s'enfermer dans un silence douloureux. Prendre la parole plutôt que prendre la mouche. Ou la porte. Ou la poudre d'escampette !

N'envoyons pas nos enfants dans leur chambre lorsqu'ils sont fâchés, maintenons le dialogue, même s'il est houleux. Nous leur apprenons ainsi que la mise en mots de leur colère peut être entendue, et qu'elle apaise l'émotion bouillonnante.

N'essayons pas de résoudre nos querelles par textos interposés, voyons-nous et prenons le temps de nous parler.

Ne réagissons pas impulsivement. Essayons, essayons vraiment de trouver les mots qui font du bien.

CONCLUSION

La seule arme, c'est s'asseoir et parler.
NELSON MANDELA

Au moment de rassembler mes idées pour conclure, mes yeux se posent sur cette citation de Paul Géraldy : « Aimer, c'est vouloir un échange où le bien et le bien se fondent dans du mieux. » Tout est dit. Simplement.

Simple mais exigeant !

Aimer ? Merveilleux quand les mots du cœur s'enfilent, clairs comme les perles du collier, avec rondeur et délicatesse. Les paroles sont des caresses fluides, les silences parlent d'amour. Tout va de soi.

Malaisé lorsque le fil s'emmêle, les nœuds bloquent et ligotent. Exigeant de parler, de parler bien, quand on aime et qu'on a mal.

Alors vouloir. Vouloir un échange. Pour retisser du lien. Vouloir, c'est viser. Avoir un objectif. L'intelligence des mots tous tendus vers un même but.

Pourquoi je dis ce que je dis ?
Qu'est-ce que je vise ?

Mes mots construisent un chemin pour te rejoindre.
Où es-tu ?
Me comprends-tu ?
Quel langage entends-tu le mieux ?

Et qui te parle quand je te parle ?
Est-ce mon cœur ?
Mon intérêt ?
Mon tourment ou ma colère ?
Je te parle pour t'apaiser ou pour te convaincre ?
Pour me rapprocher de toi ou pour te dire ce qui m'habite ?

Pour vouloir cet échange dans la difficulté de nos univers dissemblables, quelles précautions pour te retrouver ? Quels mots choisir ?

Et toi qui me parles, je m'ouvre à toi. Je te fais place en mon cœur, en mon esprit. Je te connais bien, mais ne sais rien. Dis-moi ce que voient tes yeux, pour quoi ton cœur bat, comment tu veux vivre...

« Le bien et le bien se fondent pour du mieux. » Ici les paroles justes, là l'accueil bienveillant. Les idées mieux formulées, les sentiments mieux adaptés, les émotions mieux exprimées. Mieux dire, mieux écouter, pour mieux être ensemble.

Aimons les mots qui remercient : c'était délicieux, j'ai apprécié ton aide, ça m'a fait du bien, merci d'être toi...

Ceux qui admirent et félicitent : quelle excellente idée, quel beau travail, tu peux être fier de toi, tu es vraiment doué, tu es une belle personne...

Les phrases qui soutiennent : tu as bien raison, je te fais confiance.

Et celles qui accueillent : viens là, raconte, je t'écoute...

Privilégions ces messages positifs. Ils aiment et guérissent.

Choisissons les mots justes, précis et honnêtes. Élargissons notre vocabulaire. Prenons notre temps. Mesurons notre langage, réfléchissons au but poursuivi, et visons calmement pour que notre intention génère exactement ce que nous voulons.

Assumons nos dires. Nos paroles sont des actes, nous en sommes responsables.
Quand on communique, on s'engage.

Par le pouvoir créateur de nos mots, rendons le monde un peu meilleur. Certaines paroles changent la vie.

Essayons de restaurer les liens abîmés. Parlons-nous pour mieux nous comprendre. Recommençons avec des moyens affinés et enrichis.

Toutes les relations qui nous tiennent à cœur s'arrangent avec des mots.

Finalement, n'est-ce pas l'essentiel ?

TABLE DES MATIÈRES